怪談青柳屋敷

青柳碧人

双葉文庫

怪談《かいだん》
青柳屋敷《あおやぎやしき》

◎目次

◎第一章　玄関　～「家」の怪談たち

第五章 書斎 ～編集者から聞いた話

第六章 歪んだ茶室 〜よくわからない話

怪談《かいだん》
青柳屋敷《あおやきやしき》

まえがき

初めに自己紹介をしておく。

青柳碧人《あおやぎあいと》。二〇〇九年に『浜村渚の計算ノート』という数学を扱ったミステリ（推理小説っぽい話）でデビューし、現在はミステリを主に執筆して暮らしている小説家である。

ミステリ作家がどうして怪談集を？——答えは明快。怪談が好きだからだ。

同世代の怪談ファンがそうであるように、むかしから『あなたの知らない世界』などの番組が好きで、講談社KK文庫の『学校の怪談』シリーズを全巻集めて読んでいた。自然教室やキャンプでは先生や上級生に怪談話をせがみ、また、自分でも方々《ほうぼう》で仕入れた話を披露して、聞き手が怖がるのを楽しんだ。大学生になってから一人暮らしを始めた部屋は冷暖房なしの四畳半で、夏はクーラー代わりに稲川淳二《いながわじゅんじ》氏の怪談本を読んで涼を取ったものだ。

卒業後は日常的に怪談に親しむことはなくなったが、ふと酒の席などでそういう話を聞いたときには、帰宅してからちまちまワードファイルにメモした。遅ればせながら『新耳袋』に出会ったのもこのころと記憶している。

その後もインターネットでファンキー中村氏の怪談などを聞いていたが、怪談作家になるつもりはなく、勤めていた学習塾の経験から勉強系のミステリでデビューすることになった。

怪談熱がじわじわ再燃してきたのは、三十をすぎたころだった。YouTube上で怪談を披露する人たちが増え、僕の怪談熱も掻き立てられた。カンテレで『稲川淳二の怪談グランプリ』が始まり、エンタメーテレで狩野《かの》英孝《えいこう》氏が司会を務める怪談社のレギュラー番組が始まった。事故物件住みます芸人・松原《まつばら》タニシ氏が提案した怖談《こわだん》バトル『OKOWA』が多くの実力派怪談師を生み、竹書房が怪談最恐戦を開始した。

そういった怪談の発展を見守っていた僕だが、あくまで一ファンであるだけだった。

ひょんなことから大学時代の後輩の女性Fと仕事を一緒にすることになったのは二〇二一年である。ふと怪談の話をすると、なんと田中俊行《たなかとしゆき》・下駄《げた》華緒《はなお》という有名怪談師と知り合いだという。あれよあれよという間にお二人のYouTubeチャンネル『不思議大百科』に出演が決まり、自身の周りで昔起きた怪談を二つ、披露した。

怪談を集めるのを「趣味」と明言し、本腰を入れて集めはじめたのはこの出演がきっかけだ。

怖さのクオリティは問わない。とにかく数を聞き、毎日、仕事をする前にワードに聞き溜めた怪談を一話ずつ打ち込んでいく。だが趣味なので、出版するつもりはなかった。

『赤ずきん、ピノキオ拾って死体と出会う。』――なんちゅうタイトルだと顔をしかめる人もいるかもしれないが、二〇二二年の秋に刊行した僕の著作（本格ミステリ）である。書店に送るサイン本を作るようにと双葉社に招かれ、せっせと何百冊かの本にサインをしているとき、担当の編集者さんが訊ねてきた。

「青柳さんって、趣味あるんですか？」

「実はですね、最近、怪談を集めてて、ちまちま書き溜めてるんですよね。もうけっこうな分量になってると思います」

「本当ですか。うちにも怪談、詳しい編集者がいますよ」

後日、その編集者に書き溜めたワードファイルを送ったら、知らないあいだに出版の企画が通っていた。タイトルも僕がワードファイルに仮でつけていた「怪談青柳屋敷」になった。

「カバーイラストは喜国雅彦《きくにまさひこ》さんにお願いしようかと思います」

マジかよ、と思った。喜国さんといえば『十角館の殺人』に始まる綾辻行人《あやつじゆきと》さんの「館シリーズ」の装画も手掛ける漫画家で、『本格力』という評論集で本格ミステリ大賞を受賞するほどのミステリマニアでもある。そんな喜国さんに、ミステリではなく怪談本の装画をお願いできるなんて！

いろんな僥倖《ぎょうこう》がドミノ倒しのように続いて完成したのが本著である。嬉しい反面、ちょっと怖くもある。

「ワタシノ話ヲ、アノ人ニトドケテ」

と、この本の中に登場するどれかの怪異に導かれたような気がしないでもない——。

さて、読者の方々に向け、いくつかお断りしておくことがある。

①各話に登場する人名は、怪談師、作家、オカルトコレクターなど特別な人を除き、すべて本名とは違う仮名である。また、人名、地名、施設名その他についてアルファベットでぼかしている場合、イニシャルとは限らない。

②世に「実話怪談」と膾炙《かいしゃ》されているタイプの話を集めたつもりだが、二十代のころ

のメモをもとにしたエピソードなどは、読み味をスムーズにするために加工・補塡している部分もある。

③あくまで趣味の延長であるため、一流怪談師の方々がするような濃厚な追加取材・調査はしていない。

④タイトルの『怪談青柳屋敷』は僕の筆名に由来するもので、小泉八雲《こいずみやくも》の『怪談（KWAIDAN）』に所収されている「青柳のはなし（The story of Aoyagi）」はまったく関係ない。

以上、ご了承くださいますお客様、喜んでわが屋敷にご招待します。どうぞ、玄関の扉を開いてください。

第一章

玄関

～「家」の怪談たち

霊道に住む

先日、小説の新刊を出した際に、とある雑誌のインタビューを受けた。そろそろ終わりが見えてきたところでインタビュアーの長持《ながもち》さん（五十代・女性）が、

「趣味はあるんですか？」

と訊ねてきた。

「怪談です」

「怪談？　怖い話ですか？」

小説を書くことが仕事になってしまったので、直接ミステリに関係のない怪談話が唯一の趣味であること、普段いろんな人から怪談めいたエピソードを聞き集めていることなどを話すと、彼女は何か話したそうな雰囲気になった。

「ひょっとして、何か怖い経験でもあるんですか？」

逆インタビューをしてみると、「ありますよ」と話してくれた。

大学生のとき、長持さんはとあるアパートで一人暮らしをしていた。二階建ての一

軒家で、二階に大家さん一家が住み、一階の三部屋が貸し部屋になっている。長持さんの部屋はその真ん中、二号室であった。

ある冬の夜、長持さんが寝ていると、突然足が寒くなって目が覚めた。

体が動かない。これが噂の金縛りか……と思いながら目だけで足元を見ると、誰かが正座をしている。顔は見えなかったが男性であることはわかった。彼は長持さんの布団の足元を両手で持ち、パタパタと上下させているのだった。

（やめて！　やめて！）

心の中で叫んだ。怖いというより、寒いという感覚のほうが強かった。心の中で何回か叫んでいるうちに、男は消えた。

そんなことがあってからしばらくして、大学で「視《み》える」という女性の先輩と知り合った。こんなことがあったんだと事情を話し、部屋に連れてきて見てもらうと、先輩はドアの上を見て、

「ここ、霊道になってるね」

とつぶやいた。

祓《はら》うことはできないし、霊道をずらすこともできない。この部屋に住むかぎり、そういう霊体験は起こり続けるだろう——そんなことを言って先輩は帰っていった。

だが、引っ越しはお金がかかる。仕方なくおっかなびっくり過ごしていると、それから半年後、また体験をした。

眠っているとき、胸を上から押さえつけられる感覚がして目が覚めた。また金縛りにかかっていた。

誰かが両手で長持さんの胸のあたりをしきりに押していた。そんなに力は強くなかったが、不気味な気配がして、

（いやだ、いなくなって……）

と念じた。

するとその手の主が、ぐいっと顔を近づけて、長持さんの顔を覗《のぞ》き込んだ。

おかっぱ頭の少女だった。

「明らかに、布団パタパタとその女の子は違う霊でした。二人とも二度と現れなかったから、私の部屋にいつまでもいるって感じじゃなくて、通りすぎていったんでしょう。霊道っていうのは本当だったんでしょうね」

長持さんはそう言ってえへへと笑った。その部屋には二年ばかり住んだが、霊らしきものを見たのはその二回だけだったという。

凶宅

大学の後輩のS子は、福岡県出身である。母と妹は霊感が強いが、父はまったく霊を信じず、そういう話をしていると「やめろ」と怒るくらいだった。

S子が高校一年生のとき、その父が土地を買い、一軒家を建てた。新築なのでしばらくうきうきして過ごしていたが、ある日家族がそろって居間でくつろいでいるとき、父が、

「隣の部屋、なんかおかしくないか?」

と言い出した。隣の和室とのあいだには襖《ふすま》があるが、その襖がいつの間にか半開きになっており、向こうから女が覗いているというのだ。

オカルト嫌いの父が言い出したので家族はびっくりしたが、そのうち妹が金縛りに悩まされることになった。夜、自室で寝ていると急に目が覚め、その時点で体が動かない。そして、無数の黒い足が彼女の周囲を歩き回るという。

また、霊感のあるいとこが遊びに来たときには、家のそこかしこに黒い渦が見える

と言われた。

写真を撮ればどの部屋でもオーブがたくさん映り、ぱきん、ぱきん、という家鳴《やな》りも時間をかまわず聞こえるようになり、さすがにこの家は何かがおかしいと、知り合いのつてを頼って霊能力者に見てもらうことになった。

「ここは、土地がよくないです」

霊能力者はそう言った。

「霊道の一部になっていて、死んだ人がたくさん集まっています。祓うこともできないほど、たくさんです」

そういえば土地がとても安かったのだと父が言い出したのはその後だった。「なんでそんな土地を買ったんだ」と女三人で父を詰《なじ》ったが、新築だし、引っ越すこともできない。仕方がないので霊能力者に教わった祝詞《のりと》を母が唱えるようになったが、唱えているあいだは逆に、家鳴りがひどくなったという。

そうこうしているうち、S子は大学に合格して上京、そのままずっと帰省しなかった。

二年経ち、久しぶりに実家に帰ると、母親の顔色はよかった。仏間に、仏壇とは別に祭壇のようなものができており、これに向かって祝詞を唱えはじめてから怪奇現象は収まったと母は言った。ためしにデジカメで写真を撮ってみたが、オーブはまったく映らず、S子は安心して数日泊まり、ふたたび東京へ戻った。

一年ほどして、両親は離婚した。

件《くだん》の家を母は出て、以降、父が一人暮らしをしている。

後々調べたところによると、その土地には以前医者の家が建っていたが、家長の医者が不祥事を起こしたことにより一家離散の憂き目にあっていた。S子の家も一家離散したので、やはり土地が悪かったのだろうと思っているそうだ。

相部屋ゆうれい

大学時代、後輩の女子から聞かせてもらった話である。

彼女は身の回りのことに一切無頓着《むとんちゃく》な性格で、どこへ行っても暮らせるという長所を持っている。大学卒業後はひょっこり海外に赴き、数か月向こうで住んでは日本に戻るということを繰り返している。この原稿を書いている現在、バヌアツ共和国から帰国したばかりなので、「バヌ子」という仮名で呼ぶことにする。

バヌ子は地方出身者であり、上京して初めて一人暮らしをしたのは、大学まで自転車で二十分くらいの場所にある1Kアパートだった。

引っ越してからすぐに、アパートの近くの焼き肉チェーンでアルバイトを始めた。店長以外はほとんどアルバイトの店で、電車で一時間くらいかかる自宅から通っているフリーターもいた。ラストのシフトに入って片づけまですると、そういう人は終電ギリギリになってしまう。

今から帰るの面倒だよ、泊めてくれない？　それなら俺も……という感じで仲間たちはバヌ子の部屋に押し掛け、酒を飲んで眠り、朝に帰っていく。いつしか部屋はバイト仲間のたまり場のようになっていった。

そんなバイト仲間の一人に、本間くんという男がいた。バヌ子の一つ年下で、ミュージシャン志望のフリーター。焼肉屋までは自転車で一時間をかけてやってくる変人だった。

あるとき、朝になって他の面々が帰ったあとも本間くんが居残っていた。部屋は先に出ていった仲間が食い散らかしたゴミであふれている。

「ねえ、私、これから授業だから。私が大学行ってるあいだ、あんたこれ、掃除しておいてくれない？」

「え……ん……。わかりました ー」

寝ぼけ眼《まなこ》をこすりながら本間くんは答える。

「出てくとき、カギとか気にしなくていいから」

なんとも能天気な話だが、バヌ子は彼氏でも何でもない男を一人残し、大学へ行った。四時間くらいして戻ると本間くんが出迎えた。部屋は綺麗になっていた。

「あんたまだいたの？」

「今日もシフトあるんで、ここから行かせてもらおうと思って」

「まあいいけど」

「そんなことよりバヌ子さん。前から気になっていたんですけど」

本間くんは急に真面目な顔になった。

「この部屋、いますよね」

「いるって?」

「幽霊ですよ」

実は自分には霊感が少しあり、初めて来たときから妙に気になっていたのだが、一人で片づけをしているあいだに確信に変わった——というようなことを本間くんはまくしたてた。

「え、どんなのがいるの?」

霊感などないバヌ子だが、興味のない話ではないので訊ねてみた。本間くんは手をピースにしてバヌ子に見せた。

「二体います」

ここで、当時のバヌ子の部屋の間取りを軽く説明する。玄関を入ってすぐ右に洗濯機があり、冷蔵庫、キッチン台と続く。左手はトイレ、バスルーム。つきあたりにドアがあり、その奥が六畳ほどの広さの生活スペース。左奥上部の壁にエアコンが設置してある。先日バヌ子に久々に会ったときに、その間取りを書いてもらったので、参考にしてほしい（下図）。

　本間くんによればこの部屋に、男の霊と女の霊が一体ずついるというのだ。

　まず男のほうだが、キッチン台と洗濯機のあいだのすき間に、膝を抱える座り方（いわゆる体育座り）をしている。前髪が目にかかるほど伸びていて、顔を伏せたまま、何かをぶつぶつと呟いていて聞き取れない。時折顔を上げてあたりをきょろきょろするが、定位置を動くことはなく、その場でまたぶつぶつとしゃべりはじめる。

　女のほうは、生活スペースのほうにいる。髪の毛の色が明るく、服も化粧も派

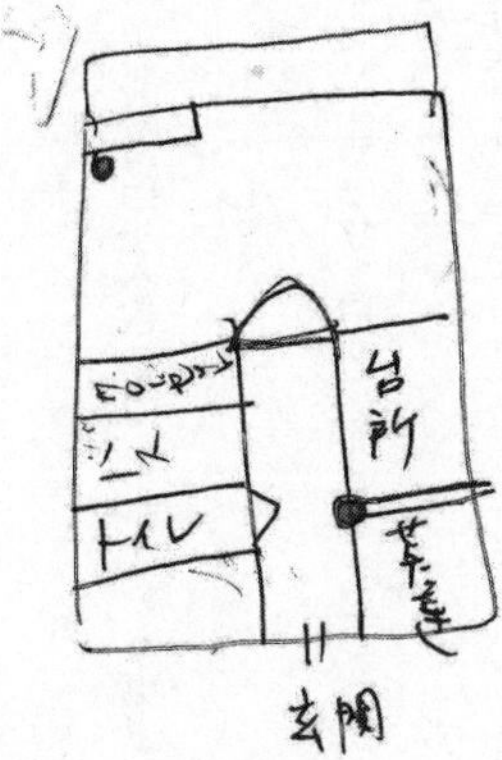

バヌ子氏が書いた部屋の間取り図。台所左下の丸が男の幽霊。部屋の左上スミが女の幽霊。

手なギャル風で、定位置はエアコンの下だ。バヌ子が授業やバイトで部屋をあけているときには、生活スペースの中をうろうろしていろいろ物色（霊体なので物を動かすことはできないそうだが）しているらしい。

「二人とも、『地縛霊《じばくれい》的なモノ』なんでしょうね、この部屋からは出られないみたいです」

「その二人、どういう関係なの？」

恐怖心より、自分のいないあいだに男女が部屋に二人きりでいるという事実がバヌ子は気になった。本間くんは答えた。

「全然、関係ないと思います」

それぞれの事情で相部屋を余儀なくされた二体だろう、ということだった。

「その二人は、お互いのことをどう思ってるのよ」

「存在はわかっているみたいですけど、会話はないです」

「しゃべれないのかな」

「いやー、これは俺の想像っすけど、ギャルのほうは初め、話そうとしたんじゃないですかね。でも男のほうは陰湿っていうか、ネクラっていうか。そういうやつってギャルのこと怖がるじゃないですか」

だから男は無視し続けた。女のほうもそのうちつまらなくなり、話しかけないようになった。性格の合わない二体の霊はそれでも、どちらもこの部屋を出ることができず、なぜか相部屋を強いられているのだ。

「本間くん、お祓いとかできないの？　成仏させてあげるとか」

「無理無理無理。坊さんとかじゃないすから、俺。害がないなら別にいいじゃないですか」

本間くんはへらへら笑った。

――ここまでを僕に語ったあとで、

「それで私、気づいたことがあるんですよ」

バヌ子はアイライナーをばっちり引いた目を見開いた。

「私って、トイレのとき、ドア全開でするじゃないですか」

知らないよ……と思ったが、バヌ子が実家にいたときからの習慣らしい。もちろん家に家族しかいないときに限ったことだが、小ならドアを全開で、大ならドアを閉めて用を足す。家族はそのドアの状態で、バヌ子が大小いずれの用なのかを知るというシステムらしい（それ必要か？　とツッコむ気力をすでに僕は持たない）。

「こっちに引っ越してからもずっとそうやってやってきてたんです。でも、本間くんの話が本当だとしたら、すき間の男から丸見えなんですよ！」

見取り図を見てもらえればわかるとおり、トイレのドアの正面は、洗濯機とキッチンのすき間、すなわち、ネクラの男の霊が体育座りをしてブツブツ呟いている場所である。便器もそういうふうに向いている。彼女がトイレに入るたび、ネクラが顔を上げたらその視線の先にばっちり「見える」状況なのだ。

「じゃあ、その話を聞いてからは、さすがにドアを閉めてするようになったんだな？」

僕が問うと、そんなわけないじゃないですか、とバヌ子は笑った。

「そんなことしたら、負けた気がするでしょ」

――この話に「被害者」がいるとしたら、それは体育座りの彼のような気がしてならないのだが、どうだろうか。

隣人の災難

桜木《さくらぎ》さんという男性はかつて、二十年間同じ賃貸アパートの部屋に住んでいた。

それだけ住み心地がよかったというか、不自由のない部屋だったが、なぜか隣の部屋は住人の入れ替わりが激しく、長くて三か月、短いときには一週間で出ていってしまうというケースもあった。

あるとき、その隣室に若いカップルが入居した。夫婦ではないらしいが二人とも感じがよく、廊下ですれ違ったときには挨拶《あいさつ》を交わすようになった。男のほうは焼肉屋の店長をしているらしく割引券をもらったが、馴染みのない地域の店舗だったので足が向くことはなかった。

桜木さんは夜の仕事をしており、毎日帰宅は3時すぎになる。

ある日帰宅すると、隣室の窓から電気の光が漏れている。

（まだ起きてるのか。まあ、そんなこともあるか）

特に気にせず自分の部屋に入り、寝る支度を始めたとき、インターホンが鳴った。

（こんな時間に……？）

驚きつつ覗き窓から見ると、隣室のカップルの女性の方が立っていた。

「どうかしましたか？」

ドアを開けて訊ねる。彼女は申し訳なさそうに、

「あのー、私たち、うるさかったでしょうか？」

と訊いてくる。

夜の十一時すぎのこと、二人が話していると、桜木さんの部屋のほうからドンドンと壁を叩く音がする。謝りに行っても、部屋は暗いまま。部屋に戻って「なんだろうね？」と話をするとまた、ドンドン！

気になって眠れずにいたところ、桜木さんがドアを開閉する音が聞こえたので、訊きに来たというのだ。

「うるさかったも何も、私、今帰ってきたところなんで」

ありのままを言うと彼女は、「そうですよね」と細い眉毛を寄せた。

「知っています。夜のお仕事をされていますもんね。知ってはいるんです。知ってはいるんですが……」

なんとも歯切れが悪い。青ざめた顔のまま、彼女は自室へ帰っていった。

（ひょっとして、隣室の入れ替わりが激しいのって、俺の部屋に原因があるのか……？）

一週間もしないうちにカップルは引っ越し、隣室は再び空き部屋になった。
ちなみに桜木さん自身がこの部屋で怪異めいたことに会ったのは一度だけ。昼間眠っていたら金縛りに会い、枕元に人の気配がした。金縛りが解けて飛び起きたらそこには何もいなかった――という体験である。金縛りには子供のころからよく会うので気にしなかったのだそうだ。

夫の帰宅

主婦の田元《たもと》さんが住んでいたのは、築四十年ほどの古いマンションである。旦那さんはお酒が好きで、よく深夜まで飲み、朝帰りをすることもあった。

その日も飲んでくると言うので、二歳の息子と二人で眠っていると、深夜、旦那さんが帰ってきた気配で目が覚めた。

寝室とリビングはスライド式の薄いドア一枚で隔てられており、ドアが少し開いていたので、リビングで旦那さんが動いている気配が伝わってくる。

いつものようにばっ、とソファーにコートを投げ出し、座って何かぶつぶつしゃべっている。声をかけて欲しいのかと思い、ベッドに横になったまま、

「おかえり」

リビングに届くくらいの声で話しかけた。すると旦那さんも返してきた。

「ここであった怖いことなんて、こんなものなんだよ」

意味がわからないが、確実に旦那さんの声である。

「なんて?」

「ここであった怖いことなんて、こんなものなんだよ」

何度聞き返しても同じことを言うので、酔っているのだろうと無視して寝ることにした。すると、半開きになっていたドアが開きはじめた。立っているのは旦那さんではなく、黒いもやだった。

（わっ、ヤバい）

そいつが部屋に入ってくると同時に、田元さんは金縛りに襲われた。もやが覆いかぶさってくる。

（助けて、助けて、助けて……）

そのとき、横で寝ている息子が寝返りを打ち、左手が田元さんの体に触れた。

瞬間、金縛りは解けた。

翌朝、自室から起きてきた旦那さんに何時に帰ってきたかと訊ねると、「朝方の五時」と答えた。

「もっと早く帰ったでしょ? 私、しゃべったよ」

まったく身に覚えがないと、旦那さんは二日酔いの頭を振った。

ぴーこわい

馬場さんは結婚一年目、美人な奥さんとのあいだに男の子を授かり、1DKのマンションで親子三人、楽しく暮らしていた。子どもは二歳を目前としたころからしゃべりはじめたが、車が好きらしく、救急車を「ぴーぽーぴーぽー」、消防車を「うー」と、サイレンの音で表現していたという。

そんな息子があるときから救急車を怖がるようになった。家の中にいても、外から救急車のサイレンが聞こえると、「ぴーぽーこわい」と言いながら馬場さんにすがるようになった。

馬場さんは可愛いと思いながら少し意地悪な感情が芽生え、救急車のサイレンが聴こえない時でも、「ぴーぽーこわいの？」と訊いてみたりした。子どもは、

「ぴーこわい、ぴーこわい」

そう答えた。ぴーぽーを略するようになったか横着ものめ……と微笑ましく思っていたが、やがて子どもの様子がおかしくなっていった。

何もない空間を指さし、

「ぴーこわい、ぴーこわい」

と言うようになったのだ。

馬場さんは別に気にしていなかったのだが、心配したのは馬場さんの奥さんである。神秘的なものを信じる彼女はあるとき、馬場さんが仕事でいないあいだに霊感のある友人を部屋に呼んだ。

「この部屋、霊がいるよ」

友人は玄関を入るなりそう言った。

「外国人の霊だね」

どういう経緯かわからないが、その部屋に居ついてしまい、離れることができずにいるとのことだった。

「この子、ちょっと霊感があって、その霊に気づいているんだね」

男の子の頭をなでながら、友人はそう続けた。

いわく、男の子が指差している空間にその外国人霊はいて、男の子に向かって「お父さんとお母さんには言うな」というしぐさをしている。どうやら気づかれて除霊されるのを恐れているらしい。

「悪意はまったく感じないから、放っておいて平気だと思うけど」

「救急車に運ばれて死んだ霊なのかな？」

ぴーぽーこわい、ぴーこわい、というフレーズが心に残っていた奥さんはそう訊ねたが、

「さあ……それはわからない」

友人は首をかしげた。

帰宅後、奥さんからその話を聞かされた馬場さんはさすがに気味悪く思ったが、すぐに引っ越しができるほどの経済的余裕はなかった。結局、「実害がないなら別にいいだろ」とその部屋に住み続けた。

子どもは相変わらず何かが見えているようだったが、夫婦にはまったく見えなかった。怪我《けが》や大きな病気など、特に災難も起こらず、時折子どもが変なことを口走る以外は平穏な日々が流れた――。

初めてこの話を聞いてから数年後（たしか二〇一八年だったと思う）、僕は馬場さんと再会した。

すでに引っ越したあとだったが僕は気になったので、

「霊感のある息子さん、最近どうですか？」

と訊ねた。すると、

「うちの息子、霊感なんてまったくないと思うぜ」

馬場さんは笑った。それどころか、怖い話はまったく苦手で、ゲゲゲの鬼太郎がテレビに映ったくらいでチャンネルを変えてほしいと泣きべそをかくくらいなのだという。なんだ、とがっかりする僕に、

「ただ俺、あのころ息子が言っていた『ぴーこわい』っていう言葉ついては、最近ふと思ったことがあるんだ」

と、馬場さんは続けた。

「嫁の友人の話によれば、あの部屋にいたの、外国人の霊なんだよ。で、うちの息子にだけ見えていて、霊は放っておいてほしいって思っていたんだよな。だからさ、……ひょっとしたらその霊、『Be quiet《ビー・クワイエット》』って言ってたんじゃないのかな」

自分の存在を、あんたのお父さんとお母さんには教えてくれるな。黙っておいてくれ、という意味で「Be quiet」と告げていた。二歳に満たない息子は、その霊を指さしながら、発言を繰り返すように「ぴーこわい」と言っていた――。

「息子さんはなんて言ってるんです？」

僕は訊ねたが、

「二歳になる前のことなんて覚えているわけないだろ。まあ、ふと思った話だよ。そもそも俺、あの部屋の外国人霊のことだって信じちゃいないんだから」

馬場さんは自分の説を笑い飛ばした。

そのマンションがまだあるかどうかは知らない。

結界

セイカさんという女性から聞いた話。セイカさんは就職をきっかけとして、山手線のとある駅を最寄りとするワンルームマンションで一人暮らしをはじめることにした。

すると、引っ越しを手伝ってくれた学生時代の男友達の一人、ヒロシ君が、

「俺、結界、張ってやるよ」

と言ってきたという。

ヒロシ君は以前より自分のことを「豊臣秀頼《とよとみひでより》（秀吉の息子。大坂夏の陣で母の淀君《よどぎみ》とともに亡くなった）の生まれ変わりだ」と自称しており、自分には霊力があるのだと吹聴していた。

その話を信じていたわけではないが、別に悪い奴ではないと知っていたので、セイカさんは、

「ああ、じゃあお願い」

軽い気持ちでそう言った。

ヒロシ君は、右手の人差し指と中指を揃えて部屋の隅に掲げ、ぶつぶつ何かを唱えはじめた。ヒロシ君の身長は百八十五センチくらいあり、手を伸ばせば、天井すれすれになる。それを部屋の四隅にくまなくやり遂げると、

「これで変な霊はこの部屋に入ってこないから」

と告げて帰ったという。

セイカさんは別に気にせずその部屋で過ごしていた。

一年後、ヒロシ君のことをまったく知らない、スノボ仲間のユウコちゃんという女の子が部屋に遊びにくることになった。駅で待ち合わせをし、スーパーで買い出しをして部屋に向かう。

ところがいざ部屋に入るという段になって、ユウコちゃんが足を止め、怪訝《けげん》そうな顔をする。どうしたのかと質《ただ》すと、ユウコちゃんはセイカさんに訊ねた。

「この部屋、入っていい部屋？」

「入っていいって。飲みに来たんでしょ」

何をためらっているのかと、セイカさんはユウコちゃんの手を引いて中に招き入れた。

しばらくビールを飲んで他愛もない話をしていたが、あるときからユウコちゃんが

部屋に置いてある姿見をしきりにチラチラ見ているのにセイカさんは気づいた。

「姿見がどうかしたの？」

「セイカちゃん、どんなエッチしてるの？」

ユウコちゃんは呆れたように訊いてきた。

「はっ？」

「今まで黙ってたけどさ、私、ちょっと霊感があるんだよ。鏡に映るとよく見えるタイプなの」

詳しくは語らなかったものの、セイカさんはその部屋に日々彼氏を招いて、少しアブノーマルなことをしていたらしい。ユウコちゃんには鏡に映っているその様子が見たくなくても見えてしまうというのだ。

何か布をかけてくれと頼んでくるユウコちゃん。ふだん霊感うんぬんを信じるセイカさんではないが、あまりに心当たりのある「霊視」に驚き、バスタオルを持ってきて姿見にかけた。ユウコちゃんは天井を見上げ、さらにこんなことを言った。

「この部屋、何か結界張ってるよね」

瞬間、セイカさんはヒロシ君のことを思い出してドキリとした。繰り返すが、ヒロシ君とユウコちゃんのあいだに面識はない。

「ど、どうしてわかったの?」

セイカさんの問いに答える代わりに、ユウコちゃんはこんなふうに答えた。

「だいぶ背の高い人が張ったんだね」

すっかりユウコちゃんのことを信じたセイカさんに、ユウコちゃんは続ける。

「実は、部屋に入るときからわかってたの。玄関に、セイカちゃんのお父さんがいるよ」

実は、セイカさんのお父さんはこれより十年以上前に亡くなっていた。

そんな話を、ユウコちゃんにしたことはなかった。

「お父さん、ハナ肇《はじめ》にそっくりでしょ」

これを聞いてセイカさんはまたドキリとした。言われたとおりだったからだ。

こんなシャツを着て、こんなズボンを穿いて、こんな腕時計をして……と、ユウコちゃんは生前のお父さんのお気に入りだった身なりを、ベルトのバックルのデザインまでばっちり言い当ててみせた。

ユウコちゃんによればお父さんは、一人暮らしを始めたセイカさんを心配して部屋の前にやってきたが、結界が張られていて入れないのだという。

「ええ……? お父さん、入れてあげたほうがいいかなあ」

セイカさんが訊ねると、

「入れてあげるって言っても、結界を解かなきゃいけないし。私には無理だよ」

それにね、とユウコちゃんは続けた。

「これを張った人はきっと、この部屋によくないものを感じたから張ったんだと思う。だから、解かないほうがいいと思うよ」

水場には張ってないね

さらにセイカさんの話は続く。

父親の話を聞いたあと、普通の会話をしながら飲み続けていると、しばらくしてユウコちゃんは、シャワーを浴びたいと言い出した。シャワーを終えて出てきたユウコちゃんはこう言った。

「セイカちゃん、水場には結界、張ってないんだね」

引っ越しのとき、ヒロシ君がバスルームにはあの妙な儀式をしていなかったことをセイカさんは思い出した。

「ああ……それはまずいなあ。そういうのって、水場から入り込んでくることが多いから。何かあるとしたらバスルームからだと思うから気を付けてね」

それから半年ほどたったある日のこと、セイカさんが一人で部屋で寝ていると、玄関のほうから足音が聞こえた。

(ドアには鍵をかけたはずなのに、何、何……?)

そう思っているあいだに足音はベッドのすぐ脇まで達し、枕元に立ったその〝何者か〟はセイカさんの顔に自分の顔を近づけ、じーっと見ている様子だった。

(目を開いたら殺される!)

直感したセイカさんはそのまま微動だにしなかった。目を閉じているはずが、相手がサングラスをかけたスーツ姿の男というのがわかった。

我慢していると、相手はすーっとセイカさんから離れ、再び足音を立ててバスルームのほうへむかった。バスルームの扉が開いた気配はなかったが、ザーッとシャワーの水が全開で出る音が聞こえた。セイカさんは怖くて動けなかった。

その後、一年ほどセイカさんはその部屋に住み続けた。特に怪異はなかったが、「いつまた起こるか」と気が気でなかった。

バスルームにも結界ってやつを張ってくれたら……と、ヒロシ君に連絡を取ろうと思ったが電話がつながらない。結界を張ったあの日のすぐあと、ヒロシ君は結婚し、奥さんの意向で、それまでの女友達とすべて連絡を絶ったらしい。

結局、その結界を解けないまま、セイカさんは部屋をあとにした。

今でも、水場以外には強固な結界の張られたその部屋は、山手線のある駅を最寄りとした場所に実在する。

悲しいマンション

不動産業界に身を置く福尾《ふくお》さん(四十代・女性)は、以前、東京都港区の店舗にいた。あるとき、二十代後半の女性客についた。一人暮らし用の賃貸マンションを希望しており、羽振りがいいのか予算もまあまある。いくつか物件を見繕い、内見に同行した。

その中に一つ、築年数は古いが豪華なマンションがあった。福尾さん自身、初めて行くマンションだったが、エントランスを入った瞬間、異変が起こった。

胸の中になんとも言えない、悲しい気持ちが充満してきたのだった。

どうしてなんだろう、と思いながらも、涙がこぼれてきそうになる。私生活でも感じたことのない、やりきれない気持ちだった。お客さんの手前、泣くわけにはいかないのでなんとか誤魔化し通し、見るべきところを説明した。

マンションを出たとたんに、悲しい感情は消えていった。

結局、女性客は、そことは違う部屋に居住を決めた。

数日後、先輩と飲みに行ったときにふと思い出して、そのことを話した。

「ああ、ひょっとして……」

と、先輩はそのマンションについて知っていることを教えてくれた。

一九八〇年代末、当時人気絶頂のとある女性歌手が、色恋沙汰で自殺未遂を図ったマンションだったのである。

生手《なまて》

「あいつら本当に、腹が立つんだよね」

幼少時からそういうモノが見える神山さんは、心底腹立たしげな様子で言った。

東京・中野区のマンションに住んでいた時分、睡眠時によく、得体のしれないものに襲われたという。

あるときは、天井から人が降ってきて、体の上にバスンと乗っかった。顔の近くにすぐ顔があって、長い髪の触れる感触があったので女とわかった。ちらりと見ると、口元がにやりと笑っていた。

「こっちが困るのをわかっててやりやがるんだよ、『絶対見てやるもんか』って、無視し続けてやったよ」

別のときには、先に金縛りが襲ってきた。

瞼《まぶた》を開くことはできたが、普段眼鏡をかけているので視界がぼやけている。ただ、灰色のものが眼前にあるのだけはわかった。焦点が合っていくにつれ、それが何かわかった。

（手だ……）

ひじから先だけの両手が、宙に浮いている。右手は神山さんの胸倉をつかみ、左手はふわふわと浮いている。ひじより向こうは闇になっていた。

（この野郎！）

体が動かないなりに強気で睨《にら》みつけてやった。敵は胸倉をつかんでいるくせに、殴りかかってこようとはしない。

そのうち右手はぱっと胸倉を離し、左手とともに神山さんの枕のほうに漂いながら移動した。神山さんは両肩をつかまれた。

「ぐぐっ、て引っ張られてさ。体の中から俺を引っ張り出そうとしているわけ」

魂を引き抜こうということらしかった。神山さんは抵抗したが、両手の力は強く、まるで溶けかかったアイス（正確には「ガリガリ君」と神山さんは言っていた）の中から棒だけが引き抜かれるように、魂が抜かれそうになる。

何とか気を張って耐えていると、やがて両手はいなくなった。

「生首ならぬ生手だよな。あいつら、本当に腹が立つよ」

見守っている

さくらさんはまだ実家暮らしをしていた二十歳のころ、彼氏の車でよくドライブに行っていた。

ある日の夕方、いつものように出かけたとき、地元のとある古い空き家の前に車を停め、コンビニに行った。戻ってきたときにふと空き家のほうを見ると、石塀の上に出ている男性の顔と目が合った。さくらさんはぞっとした。

石塀の高さは二メートル以上ある。そんな位置からなぜ顔が出ているのか。踏み台を使っているのだとしても、誰もいないその家に何の用事があるのか。

「さくら、乗れ！」

突然、彼氏が叫んだ。さくらさんは慌てて助手席に乗り込んだ。彼氏はすぐに車を発進させ、

「見たか？」

と訊いてきた。彼氏には少し霊感があった。

「見た」

「あれは幽霊だから、気にしちゃダメだぞ」

「うん、わかった」

答えながらさくらさんは、はっきり目が合ったはずなのに、男性が何歳くらいの人なのか、髪型や表情がどんな感じだったのか、まったく思い出せないことにゾッとした。

半年ほどしてさくらさんはその彼氏と別れ、都会へ出て一人暮らしを始めた。

ある日、部屋で寝ていると、金縛りにあって目が覚めた。

ベッドのすぐ脇に男が立っていて、うつむいたような姿勢でさくらさんをじっと見下ろしていた。

（泥棒だ……！）

さくらさんは当時、玄関の鍵を掛けない習慣があったので、部屋に誰かが入り込んできてしまったのだと思った。

（どうしよう、通報しなきゃ……）

だが、体が動かない。そうこうしているうち、さくらさんは違和感に気づいた。男の体が影になっていて、どんな服を着ているのか見えない。ただ、がっしりした体つきだけがわかる。

ふっ、と気づくと金縛りは解け、男の姿はなかった。顔を思い出そうとするが、若いのか、中年なのか、髪型、表情すべてが思い出せない。そして、気づいた。

(あの人だ……)

まだ地元にいたころ、空き家の塀の向こうから覗いていたあの男性だと、さくらさんは確信した。

その後、その男はさくらさんが職場の夜勤で仮眠をとっているときにも現れるようになった。同じくベッドの左脇に立ち、うつむいたような姿勢でさくらさんの顔をじっと見ている。

そのうち今度は、街中でも見かけるようになった。電柱の陰などにたたずみ、あたかも足元にさくらさんが横たわっているかのようにうつむいている。このときは金縛りにはあわないそうだ。

「でも、何でしょうね。嫌な感じはないんですよね」

さくらさんは耳に髪をかけた。

「いっつもベッドの脇で私のことをうつむいて見ていて。きっと私のこと、見守ってくれているんだろうと思います。まあ今でも、若いのか年取っているのか、はっきりわからないんですけど」

そう語るさくらさんの表情は明るかった。

だが、僕はある仮説を思いついて寒気を感じていた。

初めてさくらさんが彼と目が合ったとき、二メートル以上の石塀の上から顔を覗かせるほどの高い位置だった。以降、さくらさんの前に現れるときにはかならずうつむいている。

高い位置でうつむいている。それって――首を吊った状態じゃないのか。

この仮説は、さくらさんに告げていない。

怪談収集失敗談

クローゼット

友人や知り合いから怪談収集をしているとだんだん尽きてくるので、最近では夜の酒場などに出かけて怪談収集をすることが多い。

「怖い話、不思議な話はないですか？」

勇気を出してこの一言を放っても「なんですか、それ」と怪訝《けげん》な顔をされることも多いが、たまに面白い怪談を引き当てることもある。そういったときは聞き洩らさないようにメモを取るのだが、たまに失敗もある。

二〇二二年の十一月、大阪・梅田の紀伊國屋書店に招かれてサイン会をした。終了後、出版社の人たちと串カツを食べに行ったが、「明日も書店周りがある」という理由で九時前に解散になった。

ホテルの部屋に帰り、しばらくテレビを見ていたが、「まだ九時前だぜ」と思うといてもたってもいられず、夜の街に怪談収集に出かけた。

地下鉄に乗って千日前で下車し、ふらりと歩いて見つけた雑居ビルの地下の居酒屋に入った。軽トラも入らないくらいの狭い店内。カウンターに座席は五つ。くすんだ土壁に唐傘のインテリア。隣のカラオケスナックから中島みゆきの『悪女』が漏れ聞こえてくる……まさに、怪談収集にはもってこいのシチュエーションである。マスターがどことなく、「百円怪談売買」で有名な尼崎《あまがさき》の怪談師・宇津呂鹿太郎《うつろしかたろう》さんに似ているこ ともあり、やる気になった。

とりあえず一杯飲んでからと並んでいる酒瓶を見回すと、見たことのないおしゃれなラベルの一升瓶がある。

「これなんですか？」

「シェリー樽で仕込んだ芋焼酎です」

十六年前に鹿児島の知り合いの醸造所がシャレで作ったのを一本もらったのだという。珍しいのを見つけたと喜び、ロックで飲んでいたら気分がよくなった。その後、七十歳手前くらいの常連のおじさんがやってきて、飲食店の店長だとマスターが紹介してくれた。和やかな雰囲気で気持ちのいい会話が繰り広げられる。僕はついに切り出し、怪談話を聴きだした……らしい。

らしい、というのは、僕が記憶を失っているからだ。調子になって飲みすぎ、朝、ホテルの部屋で目が覚めたときには何も憶えていなかった。

だが僕にはメモがある。……と、メモ帳を見て愕然《がくぜん》。ボールペンで走り書きしてあるのだが、ミミズがのたうち回ったような文字の羅列。かろうじて読めるところを抽出すると、こんな感じである。


「千日デパート　死んだ人　処刑場」

「貧乏神はなんぼでもはたらかせよる。千日前ローソンの一日やったら6000円」

「ローソンつぶれる　たまにケイバであたる」

「カブトムシをとりにいって木の枝にツチノコがいた　1970's」

「田辺聖子がツチノコを見た　30's半ば」

「おとうちゃんがここにいるで」


ゾンビに食われた人が手帳に書き遺したメッセージのようである。

田辺聖子うんぬんのことは、おそらく一九七〇年代に新聞連載された小説『すべってころんで』のことと思われる。不勉強にして知らなかったのだが、この小説の後半はツチノコ探しのことが書かれているそうだ。たぶんあのおじさんはそのことも含めて話してくれたのだろうが、何もかも覚えていない。貧乏神の話は大阪人らしい冗談だとしても、「おとうちゃん」は……なんとも惜しい。

ちなみにこのメモに愕然とした数分後、僕は財布の中から、食べた覚えのない金龍ラーメンの領収書を発見するのであった。

第一章

バーカウンター

～店や施設の話

積丹《しやこたん》半島

ふらりと入ったおでん屋の女将《おかみ》は七十代半ばだったが、毎日昼間からビールを飲んでいると言った。

関西なまりなので出身地を聞くと、大阪だという。軽快なジョークを飛ばしながら、僕の頼んだビールをどんどん飲んでいく。

雰囲気が柔らかくなったところで僕は、これまで酒場で聞いてきた不思議な話を二つほど披露した。女将はわはははと笑い、

「あんた、それ信じたん?」

と軽くあざけられてしまった。

「自分が霊感あるとかいう人はな、そういうありそうなことを言って、人をだまくらかすねん」

「女将はそういうの、信じないタイプですか」

「信じひん、信じひん。お化けやらなんやら、そういうのは迷信やろ」

信じない人からは怪談話を聞ける見込みは少ない。まあ会話は楽しかったし、あと一杯くらい飲んで帰ろうかなと思ったが、ダメもとで訊ねてみた。

「じゃあそういう、心霊体験のようなことは経験したことがないんですね？」

すると女将は一瞬顔を曇らせ、

「あるで」

と言った。

信じないといったのに……と思いつつ先を促すと、こんな話をしてくれた。

三十代のころ、旅行が好きだった女将は日本中を一人で旅して回ったという。北海道の小樽《おたる》から積丹《しやこたん》半島のほうへ行き、海の景色のよさそうな民宿を見つけたのでその日の宿をそこに決めた。

通されたのは二階の六畳間で、畳も襖も汚かったが、これも旅情だと満足して荷物をほどきはじめた。用意されていたお茶を飲み、窓外の景色を眺めながら一息ついたところで、その違和感に気づく。

なんだか気持ち悪いのだ。

もちろん、その部屋に誰かがいるわけではない。だが、誰かにじっと見られている気がする。押入れを開けても、たたまれた布団が二組あるだけ。それなら外かと廊下を見ても誰もいない。隣の部屋まで開けてみたが、誰もいない。

もう一度部屋に戻ると、その気持ち悪さはさっきより増していた。とてもじゃないが、この部屋では眠れないと思った。

霊感などあるはずないし、何度も旅をしている中で初めてのことだが、帳場へ行き、部屋を変えてほしいと申し出た。六十代の店主は少しだけ顔を歪め、

「けっこうですよ」

と、そばに座っている息子らしき男性を振り返った。

「おい、お客さんのお荷物を、西の間にお移ししろ」

すると息子は血相《けっそう》を変えて怒鳴りだした。

「俺、あの部屋には入りたくねえって言ってるだろ！」

息子はそのまま、肩を怒らせて奥へと引っ込んでしまった。

「……あの息子の反応を見るまでは、気のせいかもしれへんと思ってたけどな」

女将は額に手をやった。

「あの部屋、人が死んでると思うねん。昔の話やけどな」

ほら、空いてるで。と自分のグラスを僕に向けた。

下半身

中野区内にある古い雑居ビルの一階は美容室になっている。オーナーは軽く霊感があるのだが、店内で「下半身だけの霊」をよく見る。

閉店して従業員も全員帰った後、一人で後片付けをしているとよく出てくる。オーナーのことを気に留める様子もなく、忙しそうにそこらじゅうを歩き回るのだという。

あるとき、この店に見習いの新人が入ってきた。店が終わった後にカットの自主練習をしたいというので、オーナーは霊のことは言わずに鍵を渡し、店を貸した。

翌日、午後シフトでやってきた新人は青い顔をしていた。

「この店、なにかいます?」

「なにかって?」

「忙しそうに動き回る、腰から下の人間とか……」

霊感があるのか、と他の従業員に聞こえないように訊ねると、新人は神妙な顔をして、「いや」と首を振ったという。

防災頭巾《ずきん》とタバスコ

中野新橋にある雑居ビル五階のバーにはいろいろ噂がある。

ワンフロア全体が店舗になっていて、エレベーターの扉が開くと、テーブル席をはさんでカウンターが見えるという具合の店である。朝五時まで営業しているが、他のフロアに入っているテナントは午後十一時にもなればすべて閉店してしまうため、深夜にエレベーターの階数表示ランプが動きはじめたら、カウンターの中の店員は「あ、うちの店に来るな」とわかる。そこでエレベーターの前に足を運び、お客様の来店と同時に「いらっしゃいませ」と出迎えることになっている。

ところが、扉が開いても人が乗っていないことがある。もちろん、一階でエレベーターに乗って五階ボタンを押してすぐ下りてしまう、というイタズラの可能性がないわけではないが、深夜にそんなことをする意味がわからないし、頻度が高い。

「霊のイタズラだよ」

オーナーはそう言う。

「ちっちゃい女の子がいるらしいんだ。お客さんが髪の毛引っ張られることもしょっちゅうだよ」

この店に、Jさんという男性が友人を連れていき、朝まで飲んだ。明け方、二人ともだいぶ酔って、目が据わってきた。

ふと見ると、友人がじーっと誰もいないテーブル席を眺め、そして、誰か歩いている者でもいるかのように視線を移動させた。

「お前、何やってんだよ？」

Jさんの問いに友人は、

「いや、なんでこんな時間に女の子がいるのかなと思ってさ。……あっ、消えた」

と答えた。

女の子は薄汚れた防災頭巾《ずきん》をかぶっていて、テーブル席に置いてあるタバスコの小瓶に手をかざし、物珍しげにいろんな角度から観察していたという。やがてそれに飽きたようにテーブルのあいだをトコトコと歩きはじめたのを、友人は目で追っていたのだ。

防災頭巾をかぶった少女の姿を見た客は、他にもたくさんいるらしい。

感じる場所

地方の県立高校で長らく教師をしていたAさんから聞いた話。

生徒の中にはたまに、「霊感がある」と自称する子がいて、特に女子に多い。

「先生、私、あそこに行くと必ず寒気がするんですよ。あそこ、絶対に何かいますよね？」

それは、特別教室棟の一階の一角にある部屋だという。初めは聞き流していたAさんだが、二十年以上にわたって勤務する中で、何人もの自称・霊感女子がこぞって同じことを言うので、だんだん気になってきた。

もともと幽霊の類《たぐい》を信じないAさんなので、それでも「うわさが広まっているからだろう」くらいにしか思っていなかった。

あるとき、Aさんは学校の歴史をまとめる仕事を担うことになった。この高校の敷地はもともと医科大学があった場所であり、昭和三十年代に敷地を交換している。その事実は知っていたAさんだが、医科大学時代の建物の配置などを詳しく調べたことはなかったので、これを機にと、古い資料を詳細に調べることにした。そして、ある施設が気になった。

『遺体安置所』。

医学生が勉強するために検体となる遺体を安置する建物があった場所である。へえ、こんなのがあったんだなあと思いながら、ふとあることに気づき、現在の敷地の見取り図と比べてみた。

遺体安置所があった場所は、歴代の霊感女子が「寒気を感じる」と言っていた部屋とほぼ同じ位置だったのだ。

「長年勤務した私が、詳しく調べてようやく知ったことですからね。生徒たちが知るはずはないんですよ」

幽霊の類は信じないが、そういうものを感じる人間というのはたしかにいるのかもしれないなあ——と、Aさんはつぶやいた。

きれいな病室

六十代半ばの男性である吉田さんは二〇二一年の秋、Ｆ病院の整形外科で足の手術を受けた。術後経過の観察のために数日の入院を強いられたが、この入院の最中に新型コロナウイルスに院内感染してしまった。

大きな総合病院であるため、コロナ対応病棟に移されることになったが、通された個室が少しおかしかった。壁、ベッド、備え付けの台、洗面台……そういったものが少し小さかったり位置が低かったりする。本来は子どものための部屋なのだろうな、という印象だった。それはいいとしても、設備がやたら新しく、きれいすぎる。そこに吉田さんはとてつもない違和感を感じた。

だが、咳は出るし体のあちこちは痛いしで、細かいことを気にしてはいられず、すぐにベッドに横になった。小柄なので小さめのベッドでも不自由はしなかったが、初日の夜から悪夢に魘《うな》されるようになった。

夢の内容は詳しく覚えていないが、着ている病衣をぐいぐいと締め付けられるような感覚で目が覚める。汗びっしょりになっていて、とても嫌な気分だけが胸の中に残っている。コロナの症状だろうと我慢していたが、病状が回復してきても毎夜の悪夢は変わらず、病衣を締め付けられる感覚も変わらない。

そんな入院生活の七日目の夜。

その日の夢ははっきり覚えている。

吉田さんは小さな部屋にいる。体のあちこちが締め付けられる苦しい感覚に襲われながら、あたりを見回すと、中に何かがぎゅうぎゅうに詰められてはちきれんばかりになっているボストンバッグが一つあった。

いやだな、と感じた。だが妙な強迫観念にとらわれ、吉田さんはファスナーに手をやった。じーっと開けると、ごろんと中から遺体が出てきた。それは、吉田さん自身の遺体だった。

その瞬間ぱっと目が覚めたが、いつもよりも汗だくで体が痛い。水を飲もうと、電気をつけて低い洗面台の前に立ち、鏡を見て震えあがった。

病衣がはだけて鎖骨のあたりまでが見える。首元にしっかりと、病衣で締め付けられた跡が残されていた。

吉田さんは次の日、担当医に退院したいと申し出た。本来ならもう数日、外に出てはいけないところだが、「もう快方に向かってますからね」とあっさり承認された。あとで噂に聞いた話だと、その病室はふだん子ども用としても使用されていないが、コロナ対応で仕方なく使われたらしい。なぜあんなにきれいな部屋が使われていないのか、それはわからずじまいだという。

せっかくだから

純粋な怪談というより、「怪談が好きな人に聞いてほしい話」である。

松本さん（男性）は二十六歳で結婚し、伊豆長岡に新婚旅行に行った。

一泊数万円の、露天風呂つきの豪華な部屋で、新婚気分も手伝ってうきうきしながら部屋食をとり、酒も飲んだ。昼間遊んだ疲れもあって、十一時には床に入り、眠りについた。

ふと気配を感じ、松本さんは目を覚ます。入り口が開き、廊下の光が漏れ入っている。

（あれ、どうしたのかな……）

思っていると、浴衣を着た女性が入ってきた。新妻がどこかへ言って戻ってきたのかと隣の布団を見ると、彼女はそこに寝ている。再び入ってきた女のほうを見て、金縛りにあった。

（泥棒だ！）

金縛りにあってなお、松本さんはそんなことを考えた。人ならざる者と思うにはあまりにもはっきりその姿が見えていたからだった。胸のあたりまで髪の伸びたその浴衣の女は、松本さんや奥さんに目もくれず、部屋を横切っていく。そして、露天風呂に通じるドアを開いて入っていった。

瞬間、金縛りが解けた。

「おい、お前!」

松本さんは飛び起き、不審者を追って露天風呂に入っていく。

そこには誰もいなかった。露天風呂の周囲は高い竹の柵で囲まれており、とても乗り越えていけるものではなかった。

(今の、ひょっとして、幽霊……?)

しばし、呆然とする松本さん。

そして――そのまま服を脱いで、湯に浸かった。

星空が輝き、虫の声が聞こえて、とても気持ちがよかった。

風呂を上がったあとは冷蔵庫からビールを取り出し、飲みながら、昼間買ってあった甘栗を剝《む》いて食べた。

妻が目を覚ました。「あんた何やってるの?」と訊かれた――。

「いやいや」ここまで聞いて僕は松本さんの話を止めた。「よくそんなモノが消えた直後に、その風呂に入れましたね」

するとと松本さんは、こともなげに答えた。

「高い旅館だったから。せっかく夜中に目が覚めたんだから、泊まっているうちに入れるだけ、っていう気になるじゃないですか」

妙な納得感があった。怪談好きの人たちはどう思うだろうか。

赤い靴

美香さんという女性は二十代のころ、北九州市のとある老人介護施設に就職したことがある。建物はおんぼろで、なんとなく薄気味悪い雰囲気だった。

働きはじめて二週間ほどが経ったとき、初めて泊まりの勤務を任された。小規模な施設のため、泊まり勤務は一人と決まっており、宿泊の部屋も、布団一組と机があるだけの狭い部屋だった。

仮眠の時間は午後十一時から午前四時と定められていた。疲れていたのか布団に横になると、美香さんはすぐに眠りに落ちた。

はっと目が覚めた。枕元のスマホに手を伸ばし、時間を確認すると二時四十五分。まだ眠れるじゃん——とスマホを戻し、左耳を枕につけ、体の左を下にするような体勢で再び眠ろうと目を閉じた瞬間、金縛りに襲われた。

実は美香さんは、子供のころから金縛りには慣れていた。自分で解く独自の技も身に付けていた。だが——、じとーっ、と、いつもの金縛りより「重い」感じがしたという。焦る美香さんの右耳に、うわあああっと、大人の女性の喚き声が聞こえてきた。

（これは違う……）

（無理無理無理無理……）

美香さんは思わず目を開けた。目の前数メートルの距離に、廊下へ通じるドアがある。廊下は一晩中点灯しているので、ドアと床のわずか二センチメートルほどのすき間から、明かりが漏れている。すき間の向こうに、赤い靴を履いた足がうろうろしているのが見えた。大きさや軽やかさからして、老人ではなく少女の足だとわかった。

「やだっ！」

声をあげることができた瞬間、金縛りが解けた。美香さんはとっさに寝返りをうち、ドアを背にして壁のほうを向いた。右耳が枕に押し付けられたことにより喚き声は聞こえなくなり、ドアを背にしているので赤い靴も見えない。このまま気合で寝よう！と意気込んだのもつかの間、再びのしかかられるような金縛りに襲われ、

わあああああっ！

今度は左耳にさっきの喚き声が聞こえてくる。

「だから、いやなんだって！」

再び寝返りを打つ。ドアのすき間が目に飛び込んでくる。

赤い靴が、つま先をこちらに向けてそろっていた。

開けてくれるのを待ってくれるかのようにドアの向こうにたたずんでいる少女の姿がイメージできた。

(無理！ 私、四時には起きなきゃいけないんだから！ 寝なきゃいけないの！)

両手で耳をふさぎ、目をぎゅっとつむり、美香さんは気合で眠りについた。

翌朝、早朝勤務をしていると、七時ごろに早番の職員がやってきた。佐藤さんというその女性は五十代半ばで、この施設で二十年以上働いているベテランである。美香さんは佐藤さんに、昨晩この部屋でおかしな目にあった、と訴えた。

「へぇー、何があったの？」

佐藤さんの態度は落ち着いたものだった。金縛りのことと喚き声のことを話した段階では、佐藤さんは落ち着いた態度だったが、赤い靴のことを話したときに、顔色が変わった。

「ちょっと来なさい」

美香さんは佐藤さんに手を引かれ、入居者用の玄関まで連れていかれた。入居者と職員では出入り口が違うので、日の浅い美香さんはあまり足を運んだことがない場所だった。

古びた木製の下駄箱に、入居者の老人たちの靴がおさまっているが、その一番上の隅に、どう見ても小学生用の赤い靴がそろえて収まっていた。当然、入居者に小学生などいないのだから、こんなものがあるのはおかしい。美香さんは訊ねた。

「なんですか、これ？」

「……わからないのよ」

二十年前に佐藤さんが働きはじめたときからそこにあるもので、当時の古株職員や経営者に訊いてもなぜあるのかわからないと言われたそうだ。この施設は経営者がコロコロ変わり、歴代の経営者の中には消息の知れない人も多いという。確認するほどのことでもなく、ただなんとなく捨てるのもはばかられ、ずっとそこに置きっぱなしになっているというのだった。

「泊まり勤務であの部屋にいるとき、変な目に遭う人は多いんだけど、赤い靴が出てくる体験は、初めて聞いたわ」

佐藤さんは引きつった笑顔で美香さんに言った。

「あんた、赤い靴の主に気に入られたのかもしれないわね」

美香さんはそれからほどなくして、その施設を辞めた。

予兆

直子さんは三十年以上前、新宿のとあるビルの地下でスナックを経営していた。常連客の一人にケイタさんという男性がいた。四十代で恰幅《かっぷく》がよく、いつも元気で朗らかだった。

ある日、ケイタさんが一人で店にやってきた。

「なによ、いつものメンバーじゃないの？」

「ああ……」

ケイタさんは元気がなかった。何かあったのだろうと思ったが、やたらに詮索しないのが直子さんのスタイルだ。ケイタさんは何もしゃべらず、一時間ほど飲んで会計を頼んだ。

いつもは店の外まで見送らない直子さんだったが、ケイタさんが心配で、付き添って階段を上り、外の道まで出た。

「それじゃあね」

「ああ……」

とぼとぼと去っていくケイタさんの背中がいたたまれず、

「ケイタさん！」

直子さんは声をかけた。

振り返ったケイタさんには、顔がなかった。

直子さんは一瞬絶句したが、悟られてはいけないと思い、

「元気出しなさいよ」

それだけ言った。のっぺらぼうのケイタさんはひょいと会釈し、去っていった。

しばらくして、ケイタさんが事故で亡くなったという話を、ケイタさんの同僚から聞かされた。

順に消えていく

直子さんは後に、この地下スナックを改装してバーにした。よほど酒場が好きだったのか、やがて、その近くに二店舗目を出すことになった。二店目の店舗の店長を任されたのは、かつて直子さんのスナックで働いていた木下さんという当時二十代の男性だ。

ある平日の午前三時ごろ、木下さんは客のいない店の中で暇を持て余していた。突然、電話が鳴った。

「もしもし？」

〈もしもし、リョウだけど……〉

一店目の地下の店に勤めている木下さんと同い年の男性だ。このころ直子さんはセミリタイアし、店には週に一、二回顔を出す程度で、バーテンダーのリョウさんが地下の一店目を任されていた。

〈今、そっち、暇？〉

「暇っちゃ、暇だけど」

〈ちょっとでいいから、こっち、来てくれない？〉

何かに怯《おび》えたようなリョウさんの声が気になったので、ドアの前の札を「準備中」にし、木下さんは地下の店に向かった。歩いてものの数十秒の距離である。

階段を降り、ドアを開くとやけに暗い。客はおらず、カウンターの中で懐中電灯を点灯させたリョウさんがおろおろしている。

「ああ、木下さん……」

「どうしたんだよ？」

最後の客が一時すぎに帰宅してから、リョウさんは木下さん同様、暇を持て余していた。この店は照明が暗く、その分、カウンターの八つの椅子の前に一つずつ、オイルランプが置いてある。

カウンターの内側から見て左端のオイルランプの火が不意に消えた。あれ、と思う間にそのすぐ右のオイルランプの火も消え、その右、その右と順に消えていく。いちばん右端のオイルランプまですべて消えると、店はほとんど真っ暗になった。

なんだこれ――訝《いぶか》るリョウさんの背後で、ガシャン！　と音がした。棚から次々と酒瓶が落ち、床に当たって砕ける気配がした。

急なことに縮みあがったリョウさんだったが、カウンターの下に非常用の懐中電灯があることを思い出し、手探りで取り出して照らした。木製の酒の棚の板が一枚外れ、酒瓶が散らばっていたという。

「この店、前から何か出るって言われてたろ？」

そう言って震えるリョウさんに、「気のせいだよ」と木下さんは笑った。

「棚だって知り合いから古いものを譲り受けたっていうから、老朽化してたんだろ」

「でもさ、木下さん、割れた瓶を見てよ」

懐中電灯で床を照らすリョウさん。よく見れば、割れた瓶と、割れていない瓶がある。

「カンパリ、グレナデン、チンザノ・ヴェルモット……」

割れていたのは、赤い液体の入った瓶ばかりだった。

「偶然だと思う？」

木下さんは何も返せなかった。

押入れの女

僕の母は、とある私立の女子高（現在は共学になっている）で長らく数学の教師をしていた。僕が中学生のときに聞かせてもらった話なので、もう二十五年以上前になるが、その学校の修学旅行での出来事である。

その年の行先は京都で、旅程は三泊四日だった。旅館では十人ごとのグループに分かれて部屋割りがされた。

女子高の修学旅行といえば、メインは昼間の寺社仏閣見学より、消灯後の談話である。とある部屋では、ムードメーカーの奈央《なお》という女の子を中心に、恋人の話、アイドルの話、将来の話などと盛り上がった。一時間ごとに教師の見回りがあるが、奈央はそれもちゃんと把握していて、見回りの数分前になったら広げているお菓子を隠して寝たふりをし、教師をやり過ごしたあとでまた話に興じるといった具合である。

一日目、二日目と、そうして明け方までしゃべり通すと、さすがにみんな、三日目はつらくなる。

「奈央ごめん、今日はもう、消灯時間すぎたら寝よう」

同部屋の女子がそう提案した。

「えー、せっかくの修学旅行最後の夜なのに……」

夜更かしする気満々なのは奈央だけで、他の九人は強引に蛍光灯を豆電球の明かりに落とし、布団にもぐりこんだ。こうなると奈央も従うしかなく、しぶしぶ布団に横になった。

（あーあ、なんなら最終日は徹夜したかったくらいなのにな）

悶々《もんもん》としながら寝返りを打ちつつ、奈央も次第にまどろんだ。だが体は興奮していたと見え、すぐに目が冴えてしまう。

ふと、隣に寝ているはずのさやかの布団が空なのに気づいた。

どこに行ったのだろうと思っていると、部屋の隅から何やらぶつぶつしゃべっている声がする。見れば、さやかが押入れを全開にして、その前に正座をしている。そして、中に向かって何かを話している。

「……どうしてついてきたの？　……私、どうしたらいいの？」

奈央は起き上がり、さやかに近づいて言った。

「さやか、どうしたの？」

さやかは、はっとして振り返り、押入れの中を指さした。

「この人、ついてきちゃった」

押入れの中を覗くが何もない。

「何よ、『この人』って」

「この人よ」

さやかが寝ぼけているのだろうと思った奈央は、蛍光灯のひもを引っ張って明るくした。

「さやか、よく見てごらん。誰もいないじゃん」

するとと明るくなったので、別の女子が起きてきた。

「ねえ、今日は寝るって言ったじゃん」

「ごめんごめん。でも、さやかが変なこと言うから」

「なによ」

と彼女は近づいてきた。そして押入れの中を覗き、

「ぎゃあ！」

叫んだ。

「誰なの……その人？」

彼女によれば、髪の長い、黒いワンピースを着た知らない女が、こちらに背を向けて押入れの中に正座をしているというのだ。

「ごめんね、私についてきちゃったみたい」

さやかが説明を始める。

初めてさやかがこの女を見たのは修学旅行の一日目、ある神社でのことだった。そのときは木の陰からじっとさやかを見ているので「気持ち悪い人」くらいにしか思っていなかった。

ところが二日目の班行動のとき、午前中に訪れた神社にも彼女はいた。それどころか、バスで移動した先の寺でも、次の寺でも、まるで先回りするかのように女がいて、物陰からじっとさやかのほうを見ている。三日目も同様だった。自分以外に彼女が見えている子はいないようだったし、変な雰囲気になるのが嫌だったからずっと黙っていた。

さやかの告白のあいだ、異変を感じた他の子も起きてきて順繰りに押入れを眺める。

「幽霊がいる！」と騒ぐ子もいれば、奈央と同じくきょとんとしている子もいる。

見える子と見えない子は、ちょうど半々だった。

（これは……盛り上がれる！）

奈央にとって、そこに幽霊がいるかどうかなどどうでもよかった。修学旅行の最後の夜を彩《いろど》るのにこんなに面白いネタはない。

奈央はすぐに廊下に飛び出し、隣の部屋に飛び込んだ。その部屋の子たちは起きていた。

「ねえみんな、うちの部屋にオバケがいるみたい。見に来ない？」

連れて来られた子たちも見える、見えないで大騒ぎ。興奮した奈央はその隣の部屋、その隣の部屋、と次々呼んできては、押入れの中を見せた。

〝見える派〟と〝見えない派〟は面白いことに、やはりちょうど半々ぐらいだった。

そのうち、怖い怖いと叫びだす子がいると思えば、「私、こんな経験ある」と怪談話を始める子もいて、奈央の思惑通り、クラスを超えて盛り上がった。

だから奈央は忘れていたのだ。一時間ごとに教師の見回りがあることを。

「こらお前たち、何を騒いでいるんだ！」

その時間の見回り担当は、三十代の男性の体育教師と、大学を卒業したての女性の音楽教師だった。その体育教師のほうが部屋の入り口で鬼のような形相で立っている。

だが奈央は怯《ひる》まなかった。

「先生たちもはやく、こっちに来て！　押入れの中を覗いてみて！」

二人の手を引いて、押入れの前まで行く。

「何もないじゃないか」

と体育教師が言う横で、

「きゃああっ！」

音楽教師は腰を抜かした。

「どうしたんです」

「どうしたって……そこに、女の人が……」

あはっ、と奈央は笑う。

「先生は見える派で、先生は見えない派ね」

そんな感じでまた騒いでいると、今度は校長先生がやってきた。五十代後半の男性で、冗談が通じず、すぐに生徒を怒鳴りつけるので恐れられている。

「うるさい、何時だと思っているんだ！」

さすがに静まる生徒たち。だが奈央だけは興奮が止まらない。

「校長先生、こっちに来て、押入れの中を覗いてください。オバケがいるんです」

校長はどすどすと畳を踏み鳴らすようにして部屋に入ってくると、有無を言わさない感じで襖をぴしゃりと閉め、生徒たちを振り返った。

「オバケなんて言うものは、いると思うからいる！　いないと思ったらいない！　寝なさい！」

　これで場は白けてしまい、別の部屋からきた生徒たちはぞろぞろと戻っていき、真の消灯となった。

　だが、見回り担当の教師二人はそうはいかない。そのあとの教師ミーティングで二人は、他の教師たちの前で校長より説教を受けた。

「生徒たちを指導する立場にある者が、生徒と一緒になって騒ぐとは何事ですか」

　目を伏せただただ謝る体育教師。だが音楽教師は言い返した。

「でも校長先生、本当に、いたんです、女の人が……」

「私はそういうことを言ってるんじゃありません」

　校長は冷たく言った。

「いいですか。我々私立高校の修学旅行というのは、多くの人の協力で成り立っています。この旅館さんだって、他のお客さんもいるのに人数分の部屋や食事をきちんと揃えてくださっている。幽霊が出るなんていう噂が生徒から外へ広まったらどうなります？　協力してくださっている旅館さんに失礼だと思いませんか。生徒が騒いでいる場合は、すぐに静かにさせて、寝かせる。それが、協力してくださっている旅館さんへの誠意だと思いませんか」

「校長先生のおっしゃる通りだと思います。そこまでは考えが至りませんでした……」

音楽教師はすっかり反省し、涙をこぼした。そんな彼女を見つめ、校長先生は深いため息をついた。

「……まあ先生に対しても、まったく同情の余地がないとはいえませんよ」

えっ？　と顔を上げた音楽教師に対し、校長先生は告げた。

「あんなにはっきり見えてちゃね」

校長は部屋に入り込んで襖に手をかけた瞬間、押入れの中をちらりと見た。髪の長い、黒いワンピースの女がこちらを向いて正座しており、ばっちり目が合ったというのだ。


この話には後日談がある。

修学旅行が終わってから一週間ほどが経ったある日のホームルーム、全クラス一斉に、それぞれのクラスの集合写真が配られた。修学旅行の代金に集合写真は含まれており、写真屋さんがあらかじめ茶封筒に一枚ずつ収めたものが、人数分、職員室の教師の机に配られたのだ。

　教師はそれを教室に持っていき、プリントを配るのと同様に、最前列の机の生徒たちに列の人数分ずつ配っていく。生徒は自分のを一枚取り、残りを後ろの席に回していく。

「いいかー、一つ取ったら、きちんと中を確認しろよ。写真屋さん、忘れてるかもしれないからな」

　担任教師に言われ、生徒たちは写真を封筒から抜き出す。あれ私、こんな顔してる……などと教室内が盛り上がる中、きゃああと後ろのほうから悲鳴が轟いた。

　悲鳴の主はさやかだった。封筒から抜き出した写真を見て震えている。

　どうしたのどうしたのと、彼女の周りにクラスメイトが集まる。

　写真の中で、さやかは首を右に傾けている。左の肩には、ぼんやりと長い髪の女らしき影が映っているのだ。

「これ、あの人じゃない？」

「押入れの中にいたあの人だ！」

　あの日〝見える派〟だった生徒はこぞってそう言った。

　不思議なことに、この女の影らしきものは、さやかの手に渡った一枚にしか映っていなかった。人数分焼き増しされているので、すべてが同じ写真のはずであるにもかかわらず。

僕の母親はこの学年を担当していたものの、修学旅行には同行していない。だが、この写真は見たという。さやかの手に渡った一枚と、同じクラスの子の一枚。黒い影以外はまったく同じ写真だった――と母は僕に話した。

クローゼット

怪談のない人

人は誰でも、怖い話を一つは持っている――何かの怪談番組のナレーションにありそうなフレーズだが、「怖い話」の部分を「不思議な話」と拡張すれば、真実を射ている言葉だと僕は思う。

取材をしていて、初めは「そんな話、ないですけどねぇ」と考え込む人だって、しばらくつついているとたいていは何か一つ、小さな不思議話を披露してくれるものだ。

ところがあるとき、どうしてもこういう経験談を見つけられない――というか、思い出そうともしてくれない人に出会った。

二十歳の女子大生。女優かアイドルにいてもおかしくないくらいの美人で、聞けば芸能界に興味はあるが、あくまで裏方志望で、学生ながら地下アイドルのマネージャーをしているとのことだった。

そんな彼女、大学での専攻は何かというと、数学だという。地下アイドルのマネージャーと数学というギャップに面白いキャラクターを感じ、怖い話を集めているんだと僕は切り出した。すると彼女は考えもせずに「ありませんね」と言った。

「そういうの、信じない？」

「信じないというわけじゃなくて……」

しばらく言葉を選ぶような間があったあとで、

「不思議な体験とか怖い体験とか、あるかもしれないけれど、興味がないので覚えていないんだと思います」

僕はこの答えが妙に気に入った。

たとえば道を歩いていて、雑貨屋の店から興味のない外国語の音楽が流れていたって、何も聞こえていないのと同じように通りすぎるだろう。たとえばYouTubeを見ていて、おすすめ動画の中に興味のない物理学の解説動画が混じっていたって、何も映されていないのと同じに感じるだろう。

心霊現象というのも同じで、すぐ近くで起きていても、興味のない人には響かないのではないだろうか。怪談のない人というのは、こういう人たちである。

逆に言えば、興味を抱いた瞬間、扉が開かれる。そういうものなのかもしれない。

第二章

中庭

〜土地にまつわる話

K霊園

K霊園は、仙台で知らない者はいない心霊スポットである。小高い丘の上に位置するこの霊園にはシンボルとして塔が建てられている。深夜、その塔の近くまで車で行き、クラクションを三回鳴らすと、必ず何か怪現象が起きると言われている。そのため、暴走族ですら近づかないというのである。

高木さんは高校生のころ、友人の家でたむろしているとき、ふと深夜に「今からK霊園にいかないか?」と提案した。誰もが怖気づく中、岩田という友人が「俺がバイクを出す」と手を上げた。

岩田の後ろにまたがり、二人でK霊園を目指す。十五分ほどで例の塔にたどりついた。クラクションを三回鳴らす。

しばらく経ったが何も起きない。

「……なにもねえな」

「ああ」

「帰ろうか」

「ああ」

岩田はバイクをぐるりとUターンさせ、みなが待っている友人宅へ戻る。すると、走りはじめてからしばらくして、

「黒猫の死体、はっけーん」

岩田がおどけたように叫んだ。岩田の体にしがみついている高木さんも前方を見ると、たしかに道に黒猫が横たわっている。バイクはその脇を抜け、ぐいーんと右カーブを曲がった。

二分ほど走ったのち、

「おっ。また黒猫の死体、はっけーん」

岩田が言った。岩田の肩越しに高木さんが見ると、たしかにまた、黒猫の死体がある。一日に二体も、猫の死体を見てしまうなんて……と少し気持ち悪く思ったが、高木さんは何も言わなかった。

さらに二分ほど経ち、

「あれ……」

岩田がつぶやいた。

「また、黒猫の死体だ」

前方に黒猫の死体がある。

「黒猫ってこんなに死んでいるものか？」

岩田の声にはもう、ふざけているような雰囲気はなかった。

十分後、友人宅にたどり着くと、待っていた三人は「幽霊、見たか？」と茶化し半分に訊いてくる。

「いや、何もなかったよ。ただ、黒猫の死体を三つ見てさ……」

と、今あったことを高木さんは話した。すると、待っていた三人のうちの一人が、

「それさあ……」

と顔を歪めた。

「同じ道を、ぐるぐる回されてたんじゃねえの？」

高木さんはそれを聞いてようやくはっとした。行きと帰り、かかった時間が倍ほど違った。それに思い返せば、三体の黒猫はまったく同じ形で横たわっていたようだったという。

同じK霊園で、前田さんという男性は別の体験をしている。

十九歳のころ、悪友二人と連れ立って、深夜に例の塔の前まで車を走らせ、クラクションを三回鳴らした。ものの数秒で、思い切り外から何かが車を叩いた音がした。

「な、なんだ？」

前田さんが恐怖の声を上げるが早いか、バン！　バン！　バン！　と、車のありとあらゆる方向から音がする。まるで無数の手で外から叩かれているかのようだったが、窓の外には手など見えない。ただ闇が広がっているだけだった。

「早く出せ！」

前田さんにせっつかれ、運転席の友人は慌てて車を発進させた。霊園を離れると叩かれる音はなくなったが、恐怖のあまり、車内は沈黙に包まれた。

町まで降りてくると、店員のいるガソリンスタンドが見えた。人がいたことに安心し、誰からともなくあそこに停まろうと言い出した。給油機の前に車が停まるや否や、前田さんたちは一斉に車を降りた。

「いらっしゃいませ」

五十代半ばくらいの店員は、普通に受け答えをした。人と会えたという嬉しさがある一方で、車から慌てたように全員が降りてきたという状況に何の不可解さも示さないその態度を、前田さんは不自然に感じた。すると店員はこう言った。

「K霊園に行ってきたんでしょう?」

「ど、どうしてわかったんです?」

「よくいるんだよ、あんたたちみたいなの。ほら、見てごらん」

車を指さす店員。車のボディには、垢《あか》と泥がまじったような汚れが、そこかしこについていた。呆然と立ち尽くす前田さんたちの前で店員は、雑巾《ぞうきん》を手に取り、慣れた手つきでその汚れを拭き取っていった。

そこは海

長本《ながもと》さんは広島県の出身だ。

実家の近所にMという半島があり、ここは子どものころからの遊び場だった。

この半島、東側の海岸は昔から栄え、現在はリゾートホテルなどもある風光明媚《ふうこうめいび》な場所である。しかし、半島中央の高台にある森は地元では自殺スポットとして知られている。

長本さんが子供のころ、犬の散歩をしていた老人が首つり死体を発見したことがあり、それから引き寄せられるようにそこで自殺する人が相次いだ。それ以来、大人たちのあいだでは、その半島の森は忌み嫌われるようになったが、長本さんたち子どもにとっては恰好《かっこう》の遊び場だった。というのもその森、カブトムシやクワガタがたくさん採れる。敬遠して大人たちが近づこうとしないのをいいことに、夏休みになると地元の子どもたちはそこへ出かけ、思い切り遊んでいた。

やがて長本さんは高校生になった。夏休みのある日、二つ年上の先輩の家で、その先輩の友人と、その人の彼女と四人でだらだら過ごしていた。

夜中の二時をすぎたとき、

「今からMにクワガタを採りにいかないか？」

先輩が提案した。夜中にクワガタ採りとは面白い。朝方なら小学生がうじゃうじゃしているだろうが、今なら誰もいないはずだ。長本さんを含めた三人もすぐに乗り気になり、自転車でMに繰り出した。

森に行く途中、Mの西側の海岸沿いの道を通る。月明かりの下で静かに打ち寄せる波。夜の誰もいない浜辺がなんとも魅力的に思えた。誰といわず、クワガタ採りは後回しにして、泳いで遊ぼうということになった。

自転車を浜辺に停め、服のまま海に飛び込んではしゃぎ回った。

とても楽しかったが、しばらくすると妙に動きにくいような感覚になった。

「なんだこれ、海藻が絡みついてるな」

先輩が言った。たしかに先輩の足や腕に、細い海藻が絡みついている。自分の腕を見てみても同様だ。

「か、懐中電灯持ってこい！」

先輩の友人が突然叫んだ。いちばん年下の自分に言っているのだろうと、長本さんは浜に上がって自転車に走った。カゴに入れていた懐中電灯を持ってきて、先輩の友人を照らす。

「やっぱり、髪の毛だ！」

海藻だと思っていたのはすべて、長い髪の毛だった。四人は恐怖にかられ、自分の体についた髪の毛を取りはじめる。

「一本も残すな！」

うわずった声で先輩が放った一言が、長本さんの耳に今もこびりついて離れない。

何の因果か、長本さんは現在美容師として、毎日他人の髪の毛に触っている。

尼将軍

千葉の学習塾に勤めていたころ、塾長はよく僕たち講師陣を遊びにつれて行ってくれた。

ある年の六月、お座敷列車で鎌倉へ行った。天気はあいにくの曇り時々雨だったが、大学生講師たちとともに鎌倉観光を楽しんだ。

午後になり、ショッピングを楽しみたいという一行と別れ、僕は一人で寺巡りを始めた。すると雨脚が強くなり、寿福寺《じゅふくじ》に着いた時には大雨になっていた。僕は寺の裏の高台にある墓地を目指して上っていく。この寺の墓地に、源実朝《みなもとのさねとも》と北条政子《ほうじょうまさこ》の墓があることを知っていたので、手を合わせたかったのだ。といっても、「教科書に載っている偉人だから」というくらいの軽い観光気分であった。

雨の中、苔《こけ》むした墓石が並んでいるさまは不気味というより風情を感じた。しかし、実際に北条政子の墓所の前に来たときにはその気持ちは吹き飛んだ。

岩壁に掘られた小さな洞穴の中に、石塔のような墓石がある。洞穴の内外は苔むしており、歴史の重みを感じさせた。

神妙な気持ちで手を合わせて振り返ると、順番待ちをしていた老夫婦がいた。旦那さんのほうは一眼レフカメラを携え、墓所のあちこちに向けてシャッターを切っている。会釈《えしゃく》して、二人に場所を譲り、僕は墓所を去ろうとした。

その数秒後――背後で、ばちんと大きな音がした。

「うわっ！」

振り返ると、旦那さんがカメラを見て目をぱちくりさせている。奥さんが「どうしたの、あなた」と訊ねると、

「今、墓石の写真撮ろうとしたらさ、フラッシュがバチンって光って……ああ、なんだこれ、真っ暗になっちゃってる」

デジタル一眼レフだったが、僕の位置から見ても、モニターが真っ暗だったのは確認できた。

「いったいどうしちゃったんだ、これ？　今の今まで何ともなかったのに」

泣きそうな顔でカメラを調べる旦那さんだったが、もう電源すら入らない状態になっているらしい。その向こうに、尼将軍の墓が見えた。

〝勝手に私の写真を撮るな！〟――そういう怒りの声が聞こえてきそうだった。

青梅《おうめ》街道を西へ

もう十五年ぐらい前、高田馬場《たかだのばば》の居酒屋で後輩と酒を飲み、その後輩が一人暮らしをしている落合の下宿に泊まることになった。終電も終わり、歩いていくのも煩わしかったのでタクシーを拾った。

上機嫌になっていた後輩は運転手さんに「何か怖い話、ないですか?」と軽いノリで訊ねた。すると運転手さんは、

「ああ、まあ、ありますよ。半年くらい前にね……」

と話しはじめた。

その日彼は、新宿アルタの近くで一人の女性客を乗せた。時刻は深夜零時より少し前。終電はまだあるとはいえ、深夜と言っていい時間帯だ。「どちらまで?」と訊ねると女性は答えた。

「青梅《おうめ》街道を西へ行ってください」

妙な指示だ、と思ったが、言われるままに青梅街道を進めていく。ルームミラーを

見ると、女性は若く、特に華美というわけでも地味というわけでもない。ただ、指示を出したきりしゃべらず、じっと前を見つめている。

高円寺《こうえんじ》をすぎ、阿佐ケ谷《あさがや》をすぎ、JRの荻窪《おぎくぼ》駅をすぎたあたりで「まだですか？」と訊ねた。

「まだです。青梅街道を西へ行ってください」

女性ははっきりとそう答えた。運賃が上がると内心ほくそえんだ。

小平《こだいら》をすぎ、東大和《ひがしやまと》をすぎ、武蔵村山《むさしむらやま》に入ってもまだ、女性は車を止めない。まさか消えているのでは……とルームミラーを見るがちゃんと座っている。

「まだ行きますか？」

「まだです。青梅街道を西へ行ってください」

はっきりとした返事。

これはいよいよ高額運賃になる。今夜はこの客だけでもいいくらいだ。

ついに青梅までやってきたが、女性は降りそうもない。

あたりはだんだん寂しくなり、奥多摩《おくたま》へ向かう道に入ると、ほとんど山の中である。

メーターに表示される運賃は二万円を突破したが、運転手さんはだんだん心細くなってきた。

「まだですか?」

「青梅街道を西へ行ってください」

女性ははっきりと、同じことを言うだけ。周囲はいよいよ木々しかない暗い道になってくる。いったい彼女はどこまで行くつもりなのか。運賃は払ってくれるのか……と、そのとき。

「ここです」

何の前触れもなく、女性は言った。慌ててブレーキを踏む。

右を向いても左を向いても木々。道のすぐ両脇にはこんもりと茂みが生い茂っている。建物はおろか、光すら見えない。

「本当に、ここですか?」

「はい。おいくらでしょうか」

メーターに表示されている金額を言うと、

「お金を取ってきますので、ちょっと待っててもらえますか?」

女性は車を降りていってしまった。取ってくると言ったたって……と、彼女を目で追っていると、なんと、車道脇の茂みをかき分けて暗い森の中へ入っていく。

見えにくいが、ひょっとしたら細い道があるのだろうと運転手さんは思った。その奥に、彼女の家があるのだろう。

すると、女性が茂みに消えてものの数秒で、茂み全体ががさがさと揺れ出した。女性の入っていった側だけではなく、対向車線側の茂みもまた揺れ出す。

なんだなんだと思っていると、ぬっ、と左右の茂みから一斉に、男性が顔を出した。全部で十人はいるだろうか。ガサガサと道に出てきて、タクシーに向かってくる。

（あっ、取り囲まれる！）

運転手さんはとっさに後部ドアを閉め、車を発進させた。バックミラーなど、怖くて見ることができなかった。明らかに、この世ならざる者たちの気配に満ちていたからだった。

少し走った先に、寂しいながらも灯りのある街があった。そこに停車させて朝を待ち、青梅街道を新宿まで帰ったという。

「怖かったけどね、悔しかったですよ……」

後部座席で凍り付いて話を聞いている僕らに、運転手さんは言った。

「なんてったって、二万円超えですからねえ」

都会の熊

まずひとつ、僕自身の小咄《こばなし》めいた体験談から。

酒を飲みはじめた若かりしころ、自分のアルコールのキャパシティーを見極めきれず、ずいぶんと泥酔したことが何度もある。そんなとき、よく幻覚を見ていた。

あれはJR千葉駅近くのビルの地下の居酒屋だったと思う。座敷ばかりで二百人ほど収容できそうな広い店を、ホール担当がわずか四人くらいでさばいていた。僕のグループは五、六人で、周りがみんな年上だったこともあって甘えが生じ、けっこう飲んでしまった。

ふと厨房のほうを見ると、のっそのっそとライオンが歩いてくるのが見えた。

（えっ？　ライオン？）

いやいや、また幻覚だろうと無言のまま自嘲する僕の前を、ライオンは通りすぎていく。そのとき、空になったグラスを十個ほど載せたトレイを片手に、店員が厨房に戻るべく、ライオンの正面から歩いてきた。そして、いよいよライオンとすれ違うという瞬間、店員は下半身をひょいと動かし、ライオンを避けたのだった。

——繰り返すが、僕はこれを他愛のない幻覚だと思っている。だが、居酒屋をライオンが闊歩《かっぽ》するというのは映像的に面白いので、その後もたびたび酒の席の小咄として使っている。


さて、ここからが本題。
三十二、三歳のころ、神楽坂《かぐらざか》のスペインバルのカウンターで飲んでいて、隣に座っていた二十代の若者の二人組となんとなく話す感じになった。一人はかっちりしたスーツ姿だが、もう一人は柄シャツを着てだらりと髪を伸ばし、「小ぎれいなジャック・スパロウ」といったいで立ちだった。
酒の席での失敗談自慢のような話題になったとき、僕はライオンの幻覚のことを話した。「なんですか、それ」と二人は軽く笑ってくれたが、すぐにスパロウ君のほうが真面目な表情になった。

「でも俺も、見たことありますね、酔っぱらって」

「ライオンを？」

「いや、熊っす」

そういってこんな話をしてくれた。

スパロウ君は学生のころ、S区のE町というところに一人暮らしをしていた。ある日、サークルの飲み会でしこたま飲んで、酔い覚ましにふらふらと歩いて帰ってきた。ようやくあと数十メートルでわが家、というところまで来て、電柱に手をついて休んでいると、

ヴォォォ、ヴォォォ——

どこからか、妙な低音が聞こえてくる。初めは、パイプに一気に水を流している音かと思ったが、

ヴォォォ、ヴォォォ——

何かの唸《うな》り声のような気もする。顔を上げると、普段その道を通るときには意識していなかった庭つきの一戸建てがあり、どうやら唸り声はその庭から聞こえてくるようだ。誘われるように近づき、垣根のあいだから覗くと、何やら毛むくじゃらの塊が見える。

「熊の顔だったんすよ」

「顔？　顔だけ？」

「そう。よーく見たら、首から下、体が土に埋められてるんすよ」

スパロウ君は、その熊と目が合った。

ヴォォ、ヴォォォ――

助けてくれ。そう言われているような気がしたが、怖くなって逃げるようにアパートに帰った。

「次の日、目が覚めて、あれはなんだったんだろうって思ったんですけど、怖くて確認する気にもなれなくてですね、結局、大学を卒業するまであの家の横の道は避けて通りました」

「そりゃ……奇妙なものを見たね」

「いやあ、でも、さっきのライオンの話を聞いて俺、確信しました。やっぱあれ、幻覚っすよ。あんな東京のど真ん中に、熊なんているわけないじゃないすか」

へらへらと笑うスパロウ君だったが、どうも自分に無理やり言い聞かせているように見えてならなかった。

二人はそれから三十分ほどして「お先に」と店を出ていった。

それからしばらく、この熊の話は、僕の中で「変な話だったな」と時折思い出すくらいのものだった。

ところが、二〇二二年のこと。

江戸時代の怪奇譚集『反故《ほご》のうらがき』を読んでいて、あるエピソードを見つけた。著者の鈴木桃野《すずきとうや》が住んでいる家の裏手に、もう百年も誰も住んでいない空き家がある。その家が空き家になったのには、こんないきさつがある。

かつてその家には、若い侍と年老いた母親が二人で住んでいた。ある日、侍が勤めを終えて帰ると、母親の姿はなく、代わりに大きな熊がうつ伏せになって眠っていた。

「おのれっ！」

侍は熊に斬りかかる。傷つけられた熊は起き上がって侍に向かってくる。その脳天めがけて侍はズバッと一太刀――！　熊は血しぶきを上げ、その場に斃《たお》れる。息を切らしながら侍は我が母のことが心配になる。

「母上！　母上！」

熊に傷つけられてどこかに隠れているのではないか？　家じゅう探し回るが老母の姿はない。

「母上！　どこです？」

狼狽《ろうばい》していると、心配した近所の人々が戸口に集まってきた。

「あんた、どうしたんだね？」

「家に帰ってきたら、母がいなくて、代わりに熊がいたんだ」

侍は今あったことを話しながら家の中を振り返ると、さっき殺した熊が血まみれで横たわっている。

「ほら見ろ、熊がいるだろう？」

近所の人々のほうに顔を向ける。みな青ざめ、震えながら首を振っていた。

「あんた……何を言っとるんだ？　それ……、あんたのおっかあじゃないか」

「えっ？」

と再び家の中に視線を戻すと、血まみれで倒れているのは熊などではなく、我が母であった。奇妙ないきさつだが、若侍は親殺しの科《とが》で相応の刑に処された。

それ以来、裏手の家は空き家なのだ――と鈴木桃野はいうのだ。


読んだとき、なるほど不思議な話だ、くらいにしか思わなかったこの話だが、何かが気になって、僕はもう一度冒頭に立ち返って再読した。

そして、ゾッとした。

著者の鈴木桃野という旗本が住んでいたのは、E町だった。S区のこのあたりは江戸時代から町名が変わっていない。僕はここにいたって、スパロウ君のあの話を思い出したのだった。

E町という狭い地域に時を超えて起こった、熊にまつわる二つの奇譚。ひょっとしたらあの地域は、「人間が熊に見えてしまう呪い」のようなものがかけられているのではないか。

だとしたら、スパロウ君が見た、「首から下を庭に埋められていた熊」というのは

——。

K城

　これは僕の体験談。二〇〇九年の八月のことだ。

　当時、まだ学習塾に勤めていた僕は、夏期講習のさなか、一週間の休みをもらえた。暇を見つけては全国の城跡を巡っていた僕は、さっそく関西のとある県に出かけた。いくつか訪れる計画を立てた城の中にK城があった。応仁の乱前後に実際に使われていた山城である。ガイドブックによれば麓《ふもと》から中腹の寺までまず行き、その寺に拝観料を払ってから山道を十五分登れば、山頂に残された当時の石垣を見られるという。

　いろいろ別の見学場所があったために、石段の麓に着いたころには四時をすぎていた。寺の山門が閉まるのが五時なのでそれまでに戻ってこなければならないが、一時間もあれば大丈夫だろうと踏んでいた。

　実際、中腹の寺までは十分もかからず着くことができた。だが、イメージしていた寺とはだいぶちがい、引き戸の玄関の横にブザーがある、ふつうの民家のような感じだった。「××寺」という額や賽銭箱《さいせんばこ》があったかどうかは朧《おぼろ》にして覚えていないのだが、その玄関に向かって左側に小屋があり、「拝観料四百円」という札があった。小窓やその前の棚などから見て、拝観料徴収所らしい。だが、窓から中を覗いても人はいない。夏だというのにこたつがあり、奥の壁際には十四インチくらいのテレビがあった。

けして広くないその境内《けいだい》に、人影はなかった。わざわざブザーを押して拝観料を渡すのも煩わしかった僕は、財布から百円玉を四枚を出し、徴収所の窓の前に置いて城へ至る道を探しはじめた。

すると、寺と小屋のあいだに小さなくぐり戸を見つけた。その奥に細い登り道がある。時刻は四時十五分。山頂まで十五分くらいかかると見ていた僕は、早足でさっさと登りはじめた。

五分も登ったころだろうか、うっそうと生い茂る木々の中、ブーンという羽音が聞こえた。

(蜂だ!)

イメージとしてはくまんばちくらいの大きさの蜂だった。いやだいやだと、僕は早歩きで逃げたが、羽音は追いかけてくる。それなら立ち止まって先に行かせようとしたが、止まると向こうも背後で止まる。姿を見極めてやろうと振り返る。三〜四メートルの距離から聞こえてくるが、それらしき虫の姿は見えない。

（これぐらいの羽音なら、肉眼で確認できそうなはずだけど……）

羽音ではない？　そう思って耳をすますと、どうも男性の声に聞こえる。それで、ああ、と僕は思った。

実はこのとき、地元の町で町会議員選挙の期間中だったらしく、昼間、何度も選挙カーとすれ違っていたのだった。あまり高くない山である。選挙カーの声が届いているのだろう……と安心し、僕はさらに登りはじめた。

だがどうも落ち着かない。やっぱり三〜四メートル背後を、その〝声〟がついてきているような気がする。もう一度立ち止まってよく聴くと、女性の声も交じってきている。選挙カーのアナウンスは男、女、共にいた。そして、今聞こえる声は何かを主張しているようなトーンで話しており、やっぱり選挙アナウンスらしくも思える。

「お願いします」とか「約束します」とか、選挙っぽいフレーズを耳が捕らえたら確信できるだろうとさらに聴覚を〝声〟に集中させるが、何を言っているのかははっきり聞き取れない。

（やっぱり、すぐそこで誰かがしゃべっている？）

腕時計を見ると、四時三十分をすぎていた。おかしい。地図を見る限り、これだけ急いで登っているならもう着いていてもおかしくない。

水を飲んだ後、あと五分だけ登って着かなかったら降りようと決め、リュックからペットボトルを取り出した。左手でペットボトルを持ち、右手でキャップを外す。飲んでいるときに斜め上を見上げると、生い茂る木々の葉の間から、空が見えた。

金色がかった、妙なオレンジ色。神々しいような、怪しいような——方向からすれば西日で間違いないのだが、こんな色の空があるかなと不思議に思えた。

そのとき、ペットボトルを持つ僕の左手の甲が、誰かに触れられた。進行方向を振り返るが誰もいない。誰もいないが、何か、誘われている気がした。

——早くいらっしゃい。

(まずいな……)

ここに至って僕はそう感じ、

「いや、今日はやめておきます」

はっきりと口で言って、帰る覚悟を決めた。

だが、下山するとなると、今やはっきり〝声〟と認識したその羽音の方向へ進まなければならない。勇気をもって一歩踏み出し、歩きはじめると、声は三～四メートルの距離を保ちながら遠ざかっていく。

一心不乱で山道を引き返し、あるときにもう一度〝声〟に意識を集中させると、いつのまにかまた背後から僕を追うように聞こえていた。そして、くぐり戸に戻ってきたときにはもう、何も聞こえていなかった。

（……今の、何だったんだろう）

夢見心地で拝観料徴収の小屋の前まで来てふと中を見ると、人がいた。

坊主頭の老人。夏だというのに薄手のブルゾンのようなものを着て、こちらに背を向け、テレビを見ている。声をかけようかと思ったが、さっき置いた四百円がないので回収されたのだと思い、山門の時間もあるので通りすぎた。

時間には間に合ったが、ふと石段を降りながら気づいたことがあった。夏なので当たり前だが、蟬《せみ》の声がうるさい。ミンミンゼミに、アブラゼミの声が混じっている。

（さっき、不思議な〝声〟を聞いているとき、蟬の声、一切していなかったな……）

だからこそ僕はあの羽音のような〝声〟に耳を傾けることができたのだ。

不用意にこんな言葉を使いたくはないが、わずかなあいだ、異世界に迷い込んだような気がしないでもない。僕の四百円が本当にこちらの世界に回収されたのかどうか、今となってはわからない。

クローゼット
島村抱月《しまむらほうげつ》の怪談

小説の資料探しをしていてふと、怪談めいた話に出会うことがある。体験者から聞いた話ではないので実話怪談としては語れない。だが、「これを怪談として紹介している本はないだろうなあ」と惜しい気持ちがあるので、ここで書いておきたい。

明治~大正期に活躍した島村抱月《しまむらほうげつ》という文学者がいる。東京専門学校（後の早稲田大学）を優秀な成績で卒業後、ヨーロッパに留学し、芸術学を収めて帰国した。早稲田の教授に就任し、坪内逍遥《つぼうちしょうよう》らとともに「文藝協会」という演劇研究会を作り、日本にヨーロッパふうの演劇を普及させる活動を行った。

穏やかで控えめで生真面目。だが指導は熱心で、同僚にも学生にも慕われた彼だが、松井須磨子《まついすまこ》という女優に出会って運命が激変する。もともとシロウトとして文藝協会にやってきた彼女に抱月は惹かれ、男女の仲になっていく。

昨今のアイドルではないが、文藝協会は劇団員同士の恋愛は禁止。しかも抱月は妻とのあいだに数人の子どもを持つマイホームパパであった。

指導者たる立場の君がそんなことでどうする！

坪内逍遥に須磨子との関係を清算するよう命じられるが、抱月はこれを断固拒否。須磨子と数人の劇団員を引き連れて協会を脱退し、「芸術座」という新しい劇団を立ち上げた。

妻子も、大学教授という高収入のエリート職もみんな捨て、神楽坂に建てた「芸術倶楽部」という劇場の二階に須磨子と同棲をはじめた抱月に、世間の風当たりは厳しかった。

ところがその後の演劇活動で芸術座は大当たりし、今でいう全国ツアー（当時、日本領だった台湾・朝鮮を含め）を展開をするほどに成長する。須磨子の歌った劇中歌『カチューシャの唄』のレコードは売れに売れ、日本初の国民的流行歌といわれるほどになった。

順風満帆《じゅんぷうまんぱん》に思えた抱月と須磨子の生活は、ある日急に絶たれることになる。大正七年に流行したスペイン風邪（インフルエンザ）である。もともと病弱だった抱月はこれに罹患《りかん》してあっけなく死んでしまった。後ろ盾たる恋人を失った松井須磨子もまた翌大正八年の年明けに後追い自殺を遂げ、その年のうちに芸術倶楽部の建物は謎の失火で全焼した。飛ぶ鳥を落とす勢いで大正浪漫をリードしたこの劇団は、わずかなあいだに、儚《はかな》いまでの伝説になったのである——。

抱月のドラマが長くなったが、ここからが本題である。

神楽坂の劇場「芸術倶楽部」が建てられてしばらく経ったころ、抱月は劇団の会計係の川村という男を呼びつけた。

「舞台の上手《かみて》（客席から見て右側）に、階段を作ってください」

この劇場は二階建てで、舞台上手の階上は日本舞踊の練習などにも使われる大部屋になっている。そこと舞台を行き来できるような階段を作れと、抱月は言うのだった。

川村は首を捻った。そんなところに階段を作ったら客席から丸見えである。もし公演中に出番に関係のない俳優が階段を上り下りしたら、気になって芝居どころではない。そもそも舞台袖にはじゅうぶんな広さがあり、出演する俳優は開幕前に全員、そのスペースにいることができる。

「先生、そんな階段を作るのは無駄です」

「いいのです。私が必要だと言っているのだから必要なのです」

いったいどうしてですかと訊いても、必要なのですの一点張り。丁寧で控えめで目下の者の意見に折れることも多い抱月にしては珍しいことだった。そこまで先生が言うのだったら、と、川村は予算をつけ、大工を呼んで階段を作ってもらった。

いざ作ってみると、やはり不自然な階段である。その後の公演で抱月がこの階段を使うことは一度もなく、なんで先生はあんな無駄なものを作らせたのか……と、劇団員たちは不思議がった。

時は流れ、大正七年の十一月。

先述のとおり抱月は、スペイン風邪にかかって還らぬ人となった。死の床となったのは芸術倶楽部の二階奥の、須磨子と同棲している部屋だった。まだまだ芸術座は成長するだろうと思われていた矢先の抱月の死に劇団員たちは途方に暮れ、涙しながら対応に追われた。

彼らが焦ったのは、葬儀のために遺体を運ぼうという段になってだった。もたもたしていたので、抱月の体は死後硬直でカチカチになっていた。芸術倶楽部の生活棟にある階段は、幅が狭く途中で折れ曲がっている。これでは抱月の体を折らなければ、階下に運ぶことができない。そんな失礼なことはできない、どうしよう……と劇団員たちが焦る中、

「あっ！」

川村ははたと気づいた。

「舞台上手の階段があります！」

その階段はまっすぐなので、抱月の体を折ることなく、階下へ運ぶことができた。

「まさか先生、このために階段を作らせたのでは……」

遺体を運び終えたとき、劇団員たちはそう噂しあってゾッとした。

結局、劇場が燃えて灰になるまで、謎の階段が使われたのは、この一度きりだったという。

第四章

遊戯室

～僕が出遭った怪異の話

◎

◎

◎

◎

◎

人形の口

二〇二二年の九月末、「江古田《えこだ》のガールズ」という劇団の舞台を観に池袋に行った。演目のタイトルは、『稲川怪談』。

とある劇団が次回公演の演目を決めるべく、山奥のバンガローサイトで合宿を敢行する。劇団員の一人に稲川淳二氏の怪談が好きな男がいて、どうしても舞台化したいと座長や他の団員にかけあうが賛同を得られない。彼は稲川怪談の舞台化を実現するため、プレゼンを繰り広げるが、そこには意外な展開が待っていて――という筋書きである。

何度も映像化されている稲川怪談だが、意外なことに舞台化は初の試みということだった。僕ももちろん、稲川怪談に親しんで大きくなったクチなので行こうと決め、妻を誘ってみた。

妻は軽く「感じる」人間だが怪談には興味がない。むしろ嫌いなほうである。だから断るかもな――と思っていたが、「まあ、興味のない場所にもたまにはついていかないと、世界が広がらないからね」などと言って、ついてくることになった。

いざ舞台が始まると、冒頭でいきなり「ユキちゃん」という稲川怪談が演じられた。懇親会で酔っ払った新入社員の女性が、一人暮らしを始めたばかりの部屋のこたつで寝てしまう。すると、家の外から「ユキちゃん、ユキちゃん、ねえ、明日なんにする？」と声がする。やがてその声は部屋に入ってきて——という、不朽の名怪談である。

僕は女性がこたつで寝てしまった瞬間から、

（ユキちゃんだ！）

とテンションが上がり夢中で見ていたが、ふと横を見ると、妻は顔を傾けて目をつむっている。

（おいおい、興味がないからっていきなり寝るかよ）

興を削がれた僕だったが、無理やり起こすのも違うと思って、舞台に集中した。

妻が目を醒ましたのは、それから四十分もしたころだろうか。すでに話は中盤で、稲川怪談も三つほど終わってしまっていた。

ここで、この『稲川怪談』の粋な演出が一つ入った。日替わりゲスト怪談師の登場である。

劇中で劇団員たちが訪れているバンガローサイトには、他に一人、宿泊客がいるという設定になっている。その客が、つまり日替わりゲストなわけだが、「私も交ぜてほしい」と突然割り込んできて、劇団員たちに怪談を披露する。舞台上の劇団員たちもこの怪談の内容は知らされておらず、公演中にプロの怪談師の話に震え上がる役者陣の素の姿を見られるという趣向になっているのだ。

この日のゲストは、オカルトコレクターの田中俊行《たなかとしゆき》さんだった。事前に知らなかった僕は、「稲川怪談だけじゃなく、田中さんの怪談も聞けるのか！」と喜んだ。

田中さんといえば呪物蒐集《しゅうしゅう》家としてそのスジには知られているが、舞台に上がっていた彼が小脇に抱えていたのは、チャーミーと名付けられた人形だった。

劇団員たちに囲まれて、チャーミーのいわくについて説明する田中さん。

そのとき――、

「あれ？」

僕の横で妻がつぶやいた。

気にせず観ていると、田中さんはチャーミーの口から小さな骨が出てきて、その後、チャーミーの口内に歯が生えてきたという話を始めた。「え、歯が生えてるの？ どこですか？」と興味を持った劇団員たちがチャーミーに近づき、口の中を覗きはじめる。

「えっ、えっ。やだ……」

妻が僕の袖をつかんできた。

「今、あの人形、よだれ垂らしたよね？　なんで誰も何も言わないの？」

僕にはそんなよだれは見えなかった。舞台上の俳優たちも、歯の話はしているがよだれに対する反応をしている人は一人もいない。妻によれば、田中さんが骨の話をする直前にも、チャーミーは口から何か白いものをぽろりと出したというのだった。

田中さんはその後、代名詞ともいえる怪談『あべこべ』を披露し、（逆さではない）拍手に包まれ舞台を降りていった。

演劇はその後、四、五十分続いた。カーテンコールまで十二分に楽しんだ僕とは対照的に、妻はずっと居心地が悪そうにしていた。

僕は以前、田中さんのYouTubeチャンネルに出演させていただいたことがあるため、閉幕後、妻を連れて挨拶に行った。チャーミーに関して妻が見たものの話を聞いているとき、田中さんが始終興味深そうに笑っていたのは言うまでもない。

ちなみにこのあと、僕は妻とカフェでお茶を飲んだが、『ユキちゃん』のときに眠っていたことを指摘すると、

「ああ、あれ、眠るつもりはなかったんだけど、いきなり眠くなったの」

と説明した。

「たしかに不自然な眠気だったかもしれない。あの『ユキちゃん』っていう話そのものが、私にとってよくないものだったのかもしれない」

稲川怪談の魅力と威力は、色褪《いろあ》せない。

耳なし芳一《ほういち》

二十代のころ、地元・千葉のNPO団体に所属し、「こどもの居場所づくり」の手伝いをしていたことがある。一年でもっとも大きなイベントは、夏休みに行われる三泊四日のキャンプだった。

子どもたちにいろいろな体験をさせるためのスケジュールはもちろん大人が組むが、四日間のうち二〜三時間ほど、「中学生企画」という時間が設けられていた。企画立案・進行をすべて中学生に任せるこの時間は、大人たちもみな、参加者となるのだ。

ある年の中学生企画は「肝試し」だった。

テントサイトの近くにある広場に集合し、中学生が決めたペアが発表され、一組ずつ森の中の小道を歩かされる。ところどころにお化け役が潜んでいて、〝わっ！〟と驚かしてくるという趣向だ。

ペアが発表され、いよいよ始まるか……というときになって、どこからかおどろおどろしい音楽が聞こえてきた。参加者の前に登場したのは、手に扇子《せんす》を携えた羽織《はおり》袴《はかま》のメガネ男子。ハリーというあだ名の、中学三年生である。

扇子をぱちりぱちりとやりながら、ハリーは小学生たちに向かって言った。

「みんな、静かにしてね。今から、怖い話をします」

彼は、肝試しを盛り上げるための「怖い話係」だというわけだった。いったいどんな怖い話が始まるのか……と思っていたら、

「今からかなり昔の話なんだけどね、あるお寺に、芳一《ほういち》っていう名前の、目の見えない若いお坊さんがいてね。琵琶《びわ》っていう楽器を……」

全力で『耳なし芳一』をはじめたのだった。

おいおいキャンプ場でする話かよと、僕は一瞬笑いそうになったが、すぐにその気持ちは薄れ、感動に変わっていった。

ハリーが初めてこのキャンプに参加したのは小学校四年生のとき。物静かで、何を聞いても無反応、「楽しんでいるのかな?」と不安にさせる子どもだった。それが、年を経るごとに笑顔を見せるようになり、年下の子の面倒もみるようになり、今や、大人を含む大勢の聴衆の前で、『耳なし芳一』を一人で語れるほどになった——そう思ったら胸が熱くなるのだった。

他の青年スタッフや大人たちも同じことを考えていたらしく、ハリーが話を終えた

ときには、その場は拍手の渦に包まれた。もちろん、肝試しにはふさわしくないスタンディングオベーションではあったが。

その後、肝試しは無事に終わり、三々五々、広場からテントサイトへ戻ることになった。慣れない足袋《たび》を履いているハリーはみんなから遅れがちだったので、僕は彼に近づき、

「ハリー、よかったぜ『耳なし芳一』」

と褒《ほ》めた。

「ぼく、うまくしゃべれてた？」

「おお、怖かった、怖かった」

「よかった。ぼくの台本、ラストシーンがないから、覚えられてるか心配だったんだ」

不思議なことを言うのでどういうことかと訊ねると、彼はこんなことを話した。

ハリーは〝怖い話係〟を任されることになったとき、みんなの前で緊張してしゃべれなくなることを想定し、キャンプ本番に向けて台本を作って練習することに決めた。ちょうどブラインドタッチの練習を始めた時期でもあり、父親のパソコンを借りてワープロソフトで台本を作成することにした。脇に『耳なし芳一』の本を開き、カタカ

タとキーボードをたたいて書き進めたが、クライマックスの、亡霊が耳をちぎっていくシーンでパソコンがフリーズしてしまった。

慌ててパソコンを再起動させたものの、データ保存をしておらず、自動バックアップも効いておらず、今まで打ち込んだものがすべて消えてしまった。ショックを受けながらも、今度は同じことが起きないように数行おきに保存をしながら書き進めたが、やはり耳をちぎるシーンでパソコンが固まった。

そしてあろうことか、今度は再起動ができず、父親に見てもらうとパソコンそのものが壊れたと言われてしまった。

仕方がないので母親のノートパソコンを頼ることにしたが、事情を聞き知った母親は「耳をちぎるシーンの前までならＯＫ」と条件付きでパソコンを貸してくれることになった。

今度は外部メモリに保存をしながら、約束通り耳をちぎるシーンの直前まで書き、プリントアウトしようとしたところで、今度はプリンタが異常を示し、まったく動かなくなった。

ハリーが頼るべくはもはや、学校しか残されていなかった。夏休み中だったものの、部活の練習で投稿するついでにコンピューター担当の教師を訪ね、「宿題に必要なデーターをプリントアウトしたいのですが、自宅のプリンタが壊れてしまったんです」と頼み込み、ようやくプリントアウトが叶ったというのだ。

「本当は学校のパソコンを借りて台本を完成させようかとも思ったんだけど、また壊しちゃったらヤバいから。……だから、ぼくの台本、ラストシーンがないんだ」

ハリーは袴のすき間からコピー用紙を取り出し、差し出してきた。

僕はそんな彼に言ってやった。

「ハリー、そっちの話のほうが怖いじゃねえかよ」

女とコインパーキング

現在、自宅から徒歩二十分のところに、仕事用の部屋を借りている。

通常は午後七時に帰宅するが、締め切りが近づいているときなどは深夜に徒歩で帰宅することもある。

先日、二時ぐらいに帰宅していたときの話だ。

家まであと五分ほどというところに十字路があるのだが、そこが見えたところで、左側からこげ茶色のロングコートを着た女性が一人、歩いてくるのが見えた。その方向には私鉄の駅があるので、降りたばかりの客かとも思ったが、終電はとうにすぎた時刻である。それとなく観察していると、足がふらついている。

なるほど酔っ払いか。終電に乗って駅で降りたあと、一時間ばかり休んでから歩き出したのだろう……と思ったが、どこか様子がおかしい。

千鳥足《ちどりあし》というより、まるでロボットが、〝がちゃんがちゃん〟と歩くような、妙なリズムをもった歩調なのだ。両肘を直角に曲げ、手のひらを天に向けるようにし、歩調に合わせて前後に振っている。がちゃん、がちゃん、がちゃん、がちゃん。

（なんだこの女……？）

目が合ったらトラブルになるかもしれないと思い、僕はスピードを緩め、彼女が目の前を横切っていくのを見送った。そのあとで十字路を通りながら、それとなく女性の後姿を見た。十字路を挟んで駅とは逆のほうにはすぐ、三台が停まれるコインパーキングがある。停車スペースの一つにコンパクトカーが停まっていた。

女性はそのパーキングの支払機の前で両足をそろえて立ち止まった。

（おいおい、ひょっとして運転して帰る気か？）

思わず見ていると、女は手のひらを天に向けた状態の右手を、勢いよく支払機に突っ込んだ。

（えっ？）

ずぼっ、と音がしたわけではないが、右手は支払機に突っ込まれている。お釣りの穴ではなく、機械そのものに差し込まれているように見える。

女の顔がゆっくりこちらに向いてくる気がした。僕はすぐに目をそらし、二度とそちらを振り返らないようにして家路を急いだ。

あれは、何だったのか。

怪談未満の人びと

先述の、コインパーキングの機械に手を突っ込んだ女性の話は、「怪談」にカテゴライズしていいと自負している。だが、「怪談」と言い切れない、それでいて腑《ふ》に落ちない変な人々を見かけることもある。一歩踏み込めば「怪談」に昇華できるのかもしれないが、その一歩を踏み出すタイミングを見逃してしまうというか、向こうから逃げてしまうようでもある。

そういう「怪談未満」になってしまった消化不良な実体験を三つ、羅列する。

その一、以前住んでいた、国道沿いの町での話。ある休日の昼、僕は国道に沿った歩道を散歩していて、赤信号にあたった。すると、僕の横に一台の自転車が停まった。乗っていたのは目のぱっちりした、どことなくタイガー・ウッズを思わせる顔立ちの青年。年齢は二十一、二だろう。くせっ毛を短く刈り込み、フード付きの黒い上着を羽織っている。

青信号になった瞬間、

「俺は、伊達《だて》に五千年も生きてねえぞぉっ！」

青年はそう叫んだかと思うと、ものすごい勢いで車道に出て走り去っていった。

……五千年生きている人間に出会ったのは、後にも先にもあのときだけである。


その二、学生時代、東京メトロ東西線内での話。

早稲田《わせだ》駅で西船橋《にしふなばし》行きに乗ったら、ものすごく空《す》いていたので昼の時間帯だったのだと思う。進行方向に向かって左側のシートに腰掛けると、はす向かいに先に座っていた女性がじっと僕を見ていた。年は三十前後、スーツではないが勤め人という感じのごく普通の女性である。なぜか僕から視線を外さず、うっすらと敵意すら感じる。

怪しい人だと思い、文庫本を出して読書に没頭した。

神楽坂をすぎ、飯田橋《いいだばし》をすぎ、そろそろ九段下《くだんした》に着くという車内アナウンスが流れたとき、ふと前を見ると、彼女が立ち上がるところだった。まだ僕を睨みつけている。

そのまま彼女は僕のそばの出入り口の前に立つ。顔だけこちらに向けて、僕のことを見ている。九段下駅が近づいてくる。

（早く降りてくれ……）

僕は目を伏せる。

ついに駅に停車。扉が開く。次の瞬間——、

「次はちゃんと、ブレーキ踏んでよね」

女の声。

（えっ？）

僕は顔を上げる。彼女はもう僕を見ておらず、九段下の駅に降りていった。

その三。前に住んでいたマンションでの話。

夜の八時ぐらいに帰宅し、一つしかないエレベーターが降りてくるのを一人で待っていた。すると、五十代半ばくらいの女性がエントランスからやってきて、僕の横に立った。

見たことのない女性だったが、オートロックのマンションなので住人だろうと思った。彼女は手に、一辺三十センチほどの段ボール箱を持っていた。今まさに、宅配ボックスから出してきた荷物といった感じだった。

彼女はその箱に目を落とし、

「私、何買ったんだろう……」

とつぶやいている。オンラインショッピングで何かを買って、届いたころには何を買ったのか忘れてしまう。少なからず同じような経験を持つ人は多いだろう。僕もその一人なので別に気にしなかったが、

「私、何買ったんだろう……」

エレベーターの扉が開いたときにも彼女はまだ首をひねっている。

「私、何買ったんだろう……」

狭いエレベーターの中で二人。だんだん、彼女は僕に聞かせようとしているんじゃないかとすら思えてきた。彼女は六階で降りるらしい。僕は九階だ。

「私、何買ったんだろう……」

六階にたどりつき、開いた扉から彼女は降りていく。不気味に思えていた僕は胸をなでおろす気持ちだった。が――、彼女はエレベーターを出たそこではっとしたように天井を仰いだ。そして、

「あの女！」

鬼のような形相《ぎょうそう》で叫んだ。エレベーターの扉は閉まった。

九階についてなお、僕が呆然としていたのは言うまでもない。

足をつかむ

これは中学生のころの実体験。

僕は誰だかわからない知人と二人で山道を歩いていた。誰だかわからないが、年齢も、それどころか、男か女かもわからないが、わりと親しい間柄のようである。

左側は絶壁。落ちたら危ないな、などと思いながら下を覗き込む。

あっけなく、足を踏み外す。

落下する瞬間、僕は友人の足首をつかむ。

瞬間——目が覚めた。

視線の先には、自室の天井と螢光灯。僕は畳の上に敷かれた布団で眠っているのだ。

(夢か……。ああ、焦った)

ほっとする僕の中に、急速な勢いで違和感が膨らむ。

この天井は、間違いなく見慣れたもの。布団と枕の感触も僕の部屋のもの。ここは確実に、僕が毎日一人で寝ている部屋だ。

だったらなぜ今、枕より向こうに伸ばした右手で、誰かの足首をつかんでいるのだろう？ くるぶしの位置まではっきりわかる、細い足首を、つかんでいるのだ。

（わっ！）

とっさにその手を離した。

心臓が早鐘を打つ。もし今、僕の枕元に何者かが立っているのだとしたら、それは――。

僕は両手を頭上方面に延ばし、探った。

足首などどこにもなかった。

関係あるかどうかわからないが、当時、僕が自室として使っていたこの部屋は、仏間である。

犬のいる家

自分の体験はもう書きつくしたと思っていたが、急に思い出したのでさしはさむことにする。

中学生の時分の話だ。自宅から学校まで、二通りの通学路があった。ざっくりいえば、団地内にある大きな貯水池（一周一・八キロメートルだったと記憶している）を、左回りで行くAコースと、右回りで行くBコースの二択である。

Aコースのほうは住宅街で、登下校時、友だちとよく会う。Bコースのほうは畑と森、平屋の家がぽつぽつとある、いわゆる田舎道。こちらを使う生徒はあまりいない。

入学当初はAコースをもっぱら使っていたのだが、下校時に一人で考え事をしたい年頃になり、次第に「登校はAコース、下校はBコース」という行動パターンをとるようになった。

このBコース、田舎道なのでおおむね静かなのだが、途中に一か所だけ嫌なポイントがある。庭に三匹の犬がつながれているおんぼろの平屋だ。ここの犬がとにかくよく吠える。誰が通っても歯を剝き出しにして全力で吠える。鎖でつながれているのでとびかかってこられることはないのだが、一度、三輪車に乗っている三歳くらいの男の子が吠えられているのを見て、異常さを感じたほどである。

そして、どんなに吠えても飼い主がたしなめることがない。というか、この家に住んでいるはずの飼い主を見たことがなかった。電気はついているので中にいるらしいが、犬が吠え狂うのを完全に無視しているようだった。

季節は覚えていないが、中二の定期テストの期間だったはずだ。いつもどおりBコースで帰ろうとすると、

「おーい、俺たちも途中までついてっていいか?」

普段は一緒に帰らない別のクラスの友人、かっちゃんと雄一郎《ゆういちろう》が声をかけてきた。

二人はそもそも、学校をはさんで僕の家とは逆の地域に住んでいて、AコースもBコースも使っていなかった。家が遠いので自転車通学を認められており、反対方向の僕の下校コースについてきても難なく帰れるのだ。

僕は二人とともに、他愛もない話をしながらのどかなBコースを歩いた。そして、犬のいる家の前に差し掛かった。

僕たちに向かって鎖を引きちぎらんばかりに吠える三匹。僕は慣れているから苦笑

いだが、雄一郎とかっちゃんはそうはいかず、「おおぅ」と怯んでしまった。

そして、次の瞬間、

「うるせえ、この野郎!」

雄一郎が自転車で犬たちに突っ込んでいった。そして、そのうちの一匹の腹にタイヤを思い切り当てた。きゃいん、と犬は甲高く鳴いて退却したが、直後にさらに猛り狂ったように吠えだした。

「にげろー」

笑いながら庭から戻ってくる雄一郎。僕はかわいそうだとも思いながら、いつもあんなにうるさい犬が「きゃいん」と鳴いたのがいい気味で、同じく笑ってしまった。

三人でさらに先に進もうとしたそのとき、がらがらと平屋の引き戸が開いた。出てきたのはごま塩頭を丸刈りにした、五十ぐらいの男性。ステテコ姿で、頬に残忍な傷跡があり、まともな仕事をしている人間ではないことは一目でわかった。

「待てよお前ら」

僕らは縮み上がった。自転車の二人だけだったら速攻で逃げていただろうが、歩きの僕がいるために、

「お前らだな、毎日、うちの犬たちをいたぶってくれてるのは」

「い、いえ……」

「お前たちみたいな弱虫のガキどもが、犬をいじめるんだよ。クソガキが」

怖くてあまり覚えていないが、彼はさんざんクソガキ、クソガキと繰り返しながら僕たちに罵倒交じりの説教を三十分ばかりした。「殺す」とかなんとか言われたような気もする。やがて解放されたときには心身ともにへとへとで、

「じゃあ、ここで」

友人二人はその場から、自分たちの家のほうへ一目散に自転車を走らせていった。

その翌日。中間テストを四時限分終え、ホームルームの時間になった。

担任の先生が、

「貯水池の、住宅街じゃないほうの道、あるよね？　登下校にあっちを使っている人、いますか？」

と訊ねた。手を挙げたのはクラスで僕一人だった。

「今日、そっちの道、使わないでくれる？」

先生は僕に向かってそう言った。

「途中に、犬を三匹飼っている家があるでしょ。今朝、一年生の男の子が登校中にその犬に嚙まれたんだって」

ああ、あの凶暴な犬ならありうる。心の中で僕は納得した。先生はさらに続けた。

「それでさっき、教頭先生たちがその家に行ったら、誰も出てこなくって。近所の人に聞いたら、もう半月以上姿を見ていないそうなんだ。犬たちも食事を与えられていなくてすっかり瘦《や》せてて、それでもすごく吠えてね」

不可解すぎて何も言えなかったが、帰りの挨拶が終わった後、僕は先生のところに行って告げた。

「先生、昨日、僕、あの家のおじさんに会いましたよ」

「そんなはずはないって」

教頭先生の話によれば家の中は荒れ放題で、少なくとも数日間は人が立ち入った形跡がなかったという。

「三匹の犬は、狂犬病のワクチンも打ってなかったってことで、今日の五時ごろ、保健所の人が引き取りに来ることになったから。今日はあっちの道、使わないようにね」

その後、雄一郎とかっちゃんにもあのときおじさんと話したよな？　と聞いたけれど、二人は普段そちらの道を使わないのであまり関心がないようだった。

なんとなく怖くなった僕はその後一週間以上、Bコースは使わなかった。久しぶりに使ったときにはトラロープで敷地内に入れないようになっていた。静寂の中に遺された鎖と犬小屋が、なんとも寂しそうだった。

パーキングのトイレ

もう一つ、短いけれど、あった。

小学生のころ、車でよく家族旅行をしていた。父と母が交互に運転し、僕と三つ離れた弟は後部座席にいる。高速道路を長々と走っているとなんともつまらなくなり、たまに停まるパーキングエリアではのびのびとした気持ちになる。

深夜の一時をすぎていたと思う。

東北のとあるパーキングエリアに停車し、僕と弟は車を降りるなり、解放された気持ちでトイレへ向かった。そのとき車が停められたのは、売店やレストランの入ったメインの建物から遠い、端っこだった。そういうところには、メインの建物とは別に小さなトイレが建てられていることがよくある。僕たちが入ったのはそういうトイレである。

古びていて、タイルはところどころ割れているのに、蛍光灯だけがやたら明るかった。僕たちの他には誰もおらず、僕は弟と並んで小便器に立ち、用を足しながら大声で馬鹿な話で盛り上がっていた。

するとお弟が、妙な替え歌を大声で歌い出した。わはは、と僕が笑ったその瞬間――、

「うるさい！」

すぐ後ろから野太い大人の男性の怒声が響いた。僕たちは糸が切れたように黙った。よく見ていなかったが、誰かが入っていたのだろう。背後には個室が二つあった。僕たちは糸が切れたように黙った。ちょうど用を足し終えたので、恐る恐る振り返ったが、個室の中は二つとも空。汚い和式便器があるだけだ。誰かが背後を通り抜けて出ていった気配などない。

僕と弟はお互い黙ったまま手も洗わず車に戻った。発車してもしばらく何もしゃべらなかった。

英文学と怪談

クローゼット

怪談の季節といえば？——一般的な日本人はきっとこの質問に、「夏」と答えるだろう（僕は「オールシーズン」が正解だと思うけど）。

しかしイギリスでは、怪談といえばクリスマスというイメージを持つ人が多いらしい。きっかけは一八四三年に発表された『クリスマス・キャロル』という小説である。強欲な老人スクルージのもとに亡霊が現れ、改心させていくという美しい怪奇譚は、イギリス国内のみならず世界的ベストセラーとなり、以降イギリスではクリスマスの時期に文芸誌が怪奇小説特集を組むようになった。

『クリスマス・キャロル』の作者であるチャールズ・ディケンズもまた、自ら編集長を務める雑誌のクリスマス特別号で多くの怪奇譚を発表した。その中の一つに「クリスマス・ツリー」という作品がある。初めは、クリスマス・ツリーの飾りを見ながら、少年時代の思い出や英文学のあれこれなどについてとりとめもなく思いを巡らすエッセイなのだが、いつの間にか「あの人からこんな話を聞いた」「そういえばこんな話もあった」と、怪談話になっていく。

ディケンズと言えば英文学に燦然《さんぜん》と輝くスター作家だから、計算されつくしたプロットと示唆《しさ》めいた結末があってしかるべきなのだが、『クリスマス・ツリー』作中の怪談話に関して言えば、オチもなく、据わりの悪い読後感が妙に気持ち悪く、……どうも実話怪談っぽいのだ。

というわけで、中でも僕のお気に入りの話を、実話怪談ふうに紹介したい。

＊

Mさんという老婦人が、まだ四十代のころの話。

あるときMさんは、兄が買ったケント州の屋敷に住むことになった。寝室としてあてがわれたのはベッドとクローゼットしかない殺風景な部屋だった。

その部屋で眠るようになった初日のこと。

夜中、ふと目を覚ましたMさんは、どこからか視線を感じた。見れば、クローゼットの扉は少し開き、中から可愛らしい男の子が一人、顔を覗かせている。

Mさんは沈着冷静な性格だったので、特に騒ぐことはせずにじっと見ていた。しばらくすると男の子は扉をさらに開き、部屋の中に一歩、二歩と出てきた。その顔があまりに寂しそうだったので、励ましてあげようとMさんは思った。

Mさんがベッドから起き上がったとたん、男の子は怖がってクローゼットに飛び込み、扉を閉めてしまう。

「待って」

Mさんは追いかけたが、クローゼットの扉は開けられなかった。

朝になって、起こしに来た使用人に訊ねた。

「クローゼットの中から男の子が覗いていたんだけど、あの可愛らしい子は誰かしら?」

使用人は絶叫して部屋を出ていった。Mさんは身支度を整え、すでに起きていた兄のところに行って同じ質問をした。

「そりゃおかしいな」兄は言った。「あのクローゼットの扉は釘付けされているんだ」

このあと調査のためにクローゼットの扉を開くのに、二人の大工が午前中の時間をまるまる費やしたという。

*

本編には、男の子が誰なのかという点と、彼がもたらす凶事について、詳しく書かれている。しかし僕にとってのポイントは何より、「釘付けされているクローゼットを開けて出てくる」という現象だ。なんとも不可解な後味があり、ディケンズがMさんから聞かせてもらった実話怪談なのだろうなあ……と、想像が膨らむのだ。

ちなみに、ディケンズが『クリスマス・キャロル』を発表するわずか二十年ほど前、日本では滝沢馬琴《たきざわばきん》が奇談を持ち寄って発表しあう「兎園会《とえんかい》」という会合を主催している。今から二百年も前にユーラシア大陸の西の端と東の端で、有名な作家がそろって実話怪談に夢中になっていた——なんとも愉快で、親近感のわくことだ。

(作者註)「クリスマス・ツリー」は、『英国クリスマス幽霊譚傑作集』(チャールズ・ディケンズ他著／夏来健次《なつきけんじ》編訳／東京創元社／二〇二二年)に所蔵されている。本稿の幽霊譚は、原本の一部を抜粋して構成を大きく変えているので、ぜひ原本をお読みください。

第五章

書斎

～編集者から聞いた話

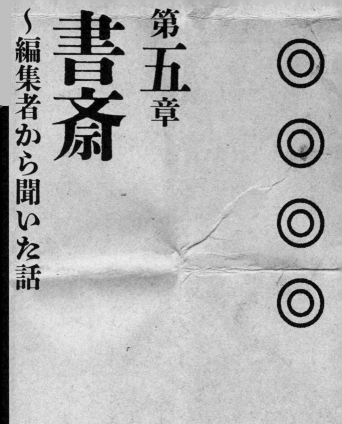

いたら、こわくね？

東京都文京区、超有名な出版社で起きた出来事。

　この出版社は荘厳な大理石造りの本館と、高層ビルの新館から成る。新館のほうは主に編集部、本館のほうは業務部門を担当する部署が入っている。

　本館の部署に勤務して二年目の藤丸《ふじまる》さんはその日、五歳年上の先輩（男性）と残業をしていた。他のフロアの部署にはまだ人はいるものの、二階に位置するその部屋には藤丸さんたち二人だけだった。

　十二時をすぎたころ、先輩が夕食を買いにコンビニへ出かけた。藤丸さんはすでに夕食を済ませていたので留守番をしていたが、十分ほどして先輩が駆け足で戻ってきた。

「藤丸……俺、見ちゃったかもしれない」

　先輩の顔は青ざめていた。

「なんすか。何を見たんですか？」

「ちょっと来てくれ」

先輩は藤丸さんを連れ、一階へ降り、正面玄関を入ってすぐのエレベーターの前に立った。扉は閉まっており、階数表示は「1」になっている。

「俺さ、いつもは階段を使うんだけど、さっきは、エレベーターを使おうと思ったんだ。それで、ボタンを押したんだけど……」

「△」ボタンに指をかけつつ、先輩は青ざめている。

「だからなんすか？」

「いいか？　押すよ？」

先輩がボタンを押す。扉が開く。藤丸さんはぎょっとした。

エレベーターのハコのほとんどを占める大きさの、空のゴミカート。見たこともない、ボロボロのつなぎ作業服を着た五十歳くらいの男性が立っている。虚ろな表情だったが、藤丸さんたちと目が合うと、その男性はゆっくりとお辞儀をした。

地下一階には各フロアから出たゴミを溜めておく場所があり、出入りの業者がそこにゴミを運ぶためのカートであることは間違いない。だが、出入りの業者は固定のため、みんな顔見知りである。その男の顔は見たことがなかった。よく見れば着ている作業着も出入りの会社のものではなく、カートは空だし、何よりこんな深夜に業者がいることがおかしい。

無言の男が怖かったが、とにかくカートが邪魔で乗れないのは事実なので、「どうぞ」と言うと、扉はゆっくり閉まった。

「こわくね？」

先輩は訊いてきた。

「怖いですけど……業者の出入りの時間が変わったとか」

「見てみ」

先輩が指さしたのは階数表示ランプ。「1」から動かない。ゴミを集めに行く途中なら上昇し、地下にカートを戻すのなら下降するはず。

「もう一度開けて、いなかったらこわくね？」

「怖いっすよ」

「開けるよ？」

先輩はもう一度「△」を押す。

作業着の男は——いる。

言葉は発さず、虚ろな表情。藤丸さんたちと目が合う。ゆっくりお辞儀。「どうぞ」と言う。扉が閉まる。すべて、デジャヴのようだった。

「……戻ろうか」

「はい」

階段で二階へ戻り、それから一時間ばかり、二人は無言で仕事を続けた。そろそろ帰るかと連れ立って部屋を出て、ふと二階のエレベーターホールを見ると、階数表示が「2」で止まっている。エレベーターは普通、最後に誰かが降りた階に留まる。

「誰か、二階で降りたのか？」

「うちの部署には誰も来てないですよ」

他の部署は暗く、しーんとしている。

「今、開けて、あのおじさんがいたら、こわくね？」

「怖いっすよ」

先輩はえいっ、という感じで「△」を押した。

開いた扉の中には、誰もいなかった。カートもなかった。

翌日、いつものゴミ収集業者のおじさんに会ったときにそれとなく訊いたが、そんな夜中にゴミの回収に来るなんてありえないですよ、と笑われたそうだ。

じいちゃん死んだわ

その藤丸さんが、大学生時代の話。

所属していたテニスサークルの夏合宿で軽井沢《かるいざわ》に行った。三泊四日の旅程で、いくつかの三人部屋に分かれて宿泊する。

大学生の合宿など、夜になればすることは飲み会に決まっており、藤丸さんたち三人も初日の夜から酒を飲んで盛り上がっていた。

夜中の一時すぎのこと、窓の外から光が入ってくるのを感じた。三人ともそちらを見る。まるで車のライトが近づいてくるように光は大きくなり、そして離れるように小さくなっていった。

なんだ今の……と思っていたら、藤丸さんの隣にいた同級生がぽつりと、

「じいちゃん死んだわ」

と言った。

実は彼のおじいさんは入院中で、家族が病院に泊まり込んでいる状態の中、無理を

言って合宿に来ていたのだ。

「今、夜中だし、明日の朝、確認してみるわ」

翌日、朝起きると、その友人の携帯電話に祖父が亡くなったことを知らせるメールが届いていた。

他の部屋に宿泊していた仲間に訊いたところ、ほとんどの部屋で酒盛りが行なわれていたが、不審なまぶしい光を見たのは、藤丸さんたち三人だけだった。俺たちの部屋にだけ伝えに来たってことですかね、と藤丸さんは首をひねっていた。

足音

出版社に勤める島瀧《しまたき》くんは、二人の友人とともに旅行に出かけた。男二人、女一人の仲のいい三人組である。

行先は千葉県の木更津。周囲には何もない山の中にぽつんとあるホテルだった。

夜になり、友人二人は部屋飲みを始めたが、島瀧くんだけは飲まずに二人の話の聞き役に回っていた。

深夜一時をすぎ、酒が残り少なくなってきたころ、

「ちょっとコンビニに行こうぜ」

友人の一人が言い出した。

最寄りのコンビニまでは車を使わなければ行くことはできない。当然、酔っていない島瀧くんが運転することになり、

「先に駐車場に行って、エンジンかけて待ってるよ」

準備に手間取っている二人をおいて下へ降りていった。車に乗り込み、エンジンを

かけて待っていたが、なかなか二人が来ない。音楽もかけておらず、周囲から聞こえるのは虫の鳴き声ばかり。

突然、からーんと空き缶が転がるような音がした。

そちらを見れば、ホテルのゴミ捨て場がある。誰か来たのだろうかと思ったが、人影は見えない。

建物から靴音が聞こえてきた。カツ、カツ、カツ、とピンヒールでアスファルトを歩く音のように聞こえたので、友人の女性のほうかと思ったが、

(あれ、旅行に来るのにピンヒールっておかしいか)

と思いながら、そちらのほうを見たら、誰もいない。

(なんだ、これ?)

音は車に近づいてきて、ぐるぐると車の周りを回りはじめた。ぞっとした島瀧くんは友人に電話をかけた。

「おい、早く来てくれ!」

ああ、わかった。なんとものんびりした友人に怒りを覚えながらも、証拠を押さえておかなければと思い、島瀧くんは携帯の動画撮影ボタンを押した。

「──で、これがそのときの映像なんですけど」

と、島瀧くんは画面の割れたスマートフォンを僕に見せてくれた。運転席から何も映っていない闇の中を左から右へパンしていく映像が映っていた。

「音、聞こえにくいですよね。イヤホンで聞こえないと難しいかもしれません」

僕は島瀧くんのスマートフォンにイヤホンを取り付け、注意深く聞いた。虫の声の中、たしかに足音は聞こえていたが、アスファルトをピンヒールで歩く音というより、ザッ、ザッと、砂利を踏む下駄のような音に聞こえた。

「同じ体験をしている人、いないかなと思って、あとでネットで調べたんですけど、ホテルでは何もなかったです。最寄りのマクドナルドの看板の上に少年が立っているのを見たっていう人は何人かいるみたいですけど」

島瀧くんはそう言って、スマートフォンをしまった。

硫黄島《いおうとう》

「私、硫黄島《いおうとう》に行ったことがあるんですよ」

大手出版社・S社の編集者、岡村さんはそう話してくれた。

硫黄島は小笠原《おがさわら》村に属する小島である。第二次世界大戦末期に日米軍による烈《はげ》しい戦闘が繰り広げられたことで知られ、今なお島中に遺骨が散在している。戦争末期に島民はみな本州へ疎開させられ、住民は一人もおらず、今は航空自衛隊の基地がおかれている。

そういう状況なので、年に数回、遺族や旧島民が訪問する他は、一般の民間人は足を踏み入れることが叶わない。しかし岡村さんは、遺族でも旧島民でもないのにこの島を訪れたことがあるというのだ。

2006年、ノンフィクション作家の梯《かけはし》久美子さんが、栗林忠道《くりばやしただみち》(硫黄島激戦における日本軍の指揮官)に関する著書で大宅壮一《おおやそういち》ノンフィクション賞を受賞した。その功績により、「ぜひ駐屯している隊員たちに対する講演をお願いします」と、硫黄島基地から梯さんに依頼があり、担当編集として同行することになったのが、岡村さんだったのである。

旅程は一泊二日。厚木基地を飛行機で発って硫黄島基地に着陸し、その日のうちに講演が行なわれる。夕食を食べて一泊したのち、地下壕《ちかごう》などを見学して昼のうちに再び厚木に戻ってくるというスケジュールだった。

講演は無事に終わり、その日は早々に休むことになった。基地にはゲストルームがあり、岡村さんにも一部屋が与えられた。

やることもないので十時にはベッドに入り就寝した。

眠りに入ってしばらくして、左肩をぐっと強くつかまれる感覚に見舞われ、目が覚めた。

「何、やってんだ？」

野太い男性の声が頭のすぐ近くで聞こえ、思わず飛び起きた。電気をつけて見回すが、もちろん誰もいない。肩をつかまれた感覚だけが生々しく残っていた。

（戦争のあった島だからな。そういうこともあるのかな……）

普段霊感などまったくない岡村さんでもそう思った。驚きはしたが、不思議と怖さは感じなかった。

翌日も早いのでもう一度眠ろうと思ったとき、ふと、アラームをセットしていないことを思い出した。付き添い編集者の自分が寝坊するわけにはいかない。朝食は七時と聞いていたので、それより一時間早い六時ちょうどに腕時計のアラームをセットして、眠った。

しばらくしたあと、

――ピピピピ、ピピピピ

アラームの音で目が覚め、反射的に腕時計をとってアラームを解除した。身を起こすが、どうもおかしい。カーテンの向こうから光が差し込む様子はなく、壁の外から誰かが動き回るような気配も全く聞こえず、しーんとしている。

手に持ったままの腕時計に目を落とすと、「4：33」となっている。アラーム設定を確認すると、確実に「6：00」となっている。

セットしていない、こんな半端《はんぱ》な時刻に誤作動を起こすだろうか？

それからは気分が落ち着かず、眠れずに過ごし、七時より十五分も前に食堂へ行った。

朝食が始まり、真向かいに座った基地の幹部が、

「よく眠れましたか」

柔和な顔で訊いてきた。話しやすい人だったのでつい、「実は夜中に……」と、昨晩の経験を話した。

「ああ、そういう体験をされましたか。この基地はよくそういうことが起こるんですよ。廊下の奥に人影がさっと通るとか、誰もいない会議室の電気が急に点灯したりとかね。実際に戦闘のあった島ですからね」

さらに幹部は続けた。

「今日、塹壕跡などを見学なさるんでしょう? 気をつけてくださいね」

驚かそうという雰囲気ではなく、淡々と注意するような口調が岡村さんには余計に怖く感じられた。

午前中の見学の時間には何もおかしなことは起こらなかった。ところが、昼すぎに厚木に戻る飛行機に乗り込もうとしたところで、岡村さんは突如、激しい頭痛に襲われた。ついで、信じられないほどの寒気がこみあげてくる。

(風邪でもひいたかな。飛行機、酔うかもしれないな)

島を飛び立ち、海の上を飛行しているあいだも頭痛や寒気は収まらず、それでも吐き気はなかった。

やがて、江の島や鵠沼《くげぬま》海岸が見えてきた。飛行機が陸の上にさしかかった瞬間、

（あれ……？）
頭痛も寒気も嘘のように収まった。
昨晩の男性だ、と岡村さんは思った。
「本土に帰るまで、見送ってくれたんだろうなと思います」
岡村さんは僕にそう語ったが、僕は少し違う印象を受けた。
その軍人は、岡村さんについて本土に帰還したのではないだろうか。
いずれにせよ、階級の高い人の気がしてならない。

視線

前の話にも登場した岡村さんは、文芸の部署に異動になる前は長らく、週刊誌の編集部で刑事事件の記事を担当していた。サカキバラ事件、東電OL事件、福田和子事件など、世紀末の日本を震わせた事件の現場に足を運んだ経験談は、僕も興味深く聞かせてもらっている。

そんな岡村さんだが別に霊感があるわけではないので、凄惨な事件の起こった現場でも心霊がらみの体験をしたことはないと言っていたが、ある日ランチをしながら小説の打ち合わせをしていたとき、

「あ！　一度、あった」

突然思い出して話してくれた。

そもそものはじまりは、一九九三年に起きたタクシー強盗事件である。少年院を出たばかりの不良少年が深夜、タクシーを拾い、人気のない県道で停めさせたうえで、

運転手の首を後部席から絞めて殺害し、売上金を奪って逃走した。

遺体の首は舌骨《ぜっこつ》が折れるほど強く締められ、凶器の手ぬぐいはヘッドレストの支柱に固く結びつけられていて、警察がほどくにほどけず、ナイフで切らなければならなかったほどだった。

その四年後、この少年に無期懲役の最高裁判決が下され、岡村さんの所属している週刊誌が特集を組むことになった。担当となった岡村さんは現地へ飛んだ。

まずホテルにチェックインして荷物を置き、近所にあった花屋で白い仏花を買った。現場までタクシーで行こうと思ったが、せっかくなら被害者の所属していた会社のタクシーを使おうと電話をかけた。

ホテルの前までやってきたタクシーに仏花を持って乗り込み、運転手に行先を告げると、

「本当に行くんですか……？」

と気乗りしない感じで訊ねられた。週刊誌の仕事なのでと告げると、嫌々ながら運転手は車を出す。

「どうしてそんなに嫌がるんですか？」

運転手に訊ねると、「そりゃねえ」と彼は答えた。

「私は事件が起きてだいぶ経ってから入社したから直接の知り合いじゃないけど、同じ会社で働いていた人が殺された現場と聞いたら、あんまりいい気はしませんよ」

やはりそういう心情かとうなずいていたら、「それにね」と運転手は告げた。

「その事件が起こる前にも、あそこ、人が一人、殺されているんですよ」

岡村さんの知らない情報だった。

「本当ですか？」

「ええ。女子高生が一人、不良たちに連れていかれてね。なぶり殺しにされているんですよ。地元じゃ有名ですよ」

同じ場所で二度殺人事件が……ひょっとしたら強盗事件の少年は、以前にそこで一人殺されているのを知っていたんじゃないか。いや、そもそもその場所が、あんなことがあった場所だからか——そんなことを思っていたら、タクシーは町を離れ、山林の中の道に入っていった。鬱蒼《うっそう》と生い茂る木々に寒気を覚える岡村さん。すれ違う車は一台もない。

ところが数分上ったところで、ぱっと視界が開け、車が二台ほど停められるスペースが現れた。運転手はそこで停車させ、

「そのあたりですよ」

フロントガラスの前を指さした。停車スペースの向こうに木々はなく、背の高い草の生える草むらが斜面になっていて、開けた景色も見える。

「すぐに終わりますから、ちょっと待っていてください」

岡村さんはタクシーを降り、運転手が指し示したあたりに花束を供え、しゃがんで手を合わせた。

その顔を上げた瞬間――、背筋がぞっとした。

草むらの中から自分に注がれる〝視線〟を感じ取ったからだった。

一人や二人ではない、何十、何百という人間が、草むらの中からじっと岡村さんを見ているのだった。

実際に目玉が見えるわけではない。だがそこに確実に〝視線〟は存在し、その正体を岡村さんは知っていた。

(ああ、やっぱり、ああいうことがあったところだから!)

写真を撮ろうと思っていたが、それも取りやめ、岡村さんはタクシーに飛び乗った。

「早く、出してください!」

岡村さんのただならぬ様子を感じ取ってだろう、運転手はすぐに後部ドアを閉め、車をUターンさせて、来たばかりの道を下りはじめた。

岡村さんはまだ〝視線〟を感じていた。リアガラスの向こうから、何百という人間がまだ、岡村さんを見ている。怖くて振り返ることができない。

タクシーが山を下り、街へ入っても〝視線〟は、いっこうに岡村さんから離れようとしなかった。地方とはいえ都市である。時刻は昼も昼間、片側三車線の道に車は溢れており、ショッピングセンターや飲食店が立ち並んでかなり賑やかである。それでも〝視線〟は山中と同じ不気味さや忌々しさを湛え、岡村さんについてくる。

（ごめんなさい、ごめんなさい。私は仕事で来たんです。あなたがたの気持ちをかき乱す目的があってのことじゃないんです）

心の中で謝り続けた。

タクシーはついに、ホテルに着いた。気が進まなかったが、運賃を払って降車し、エントランスを入った。

〝視線〟はまだ、ついてきていた。

フロントを通り抜け、エレベーターに乗っているあいだも、岡村さんはまだ謝り続けていた。廊下を通り、借りた部屋に入り、ドアを閉めた瞬間、〝視線〟は消えたという。

「ああいうことがあった場所ですからね、軽い気持ちで行くものじゃないですよ。二件の殺人事件との因果関係はもちろんわかりませんけどね」

岡村さんは、僕にそう語った。

熊本県・田原坂《たばるざか》での話である。

腹切りやぐら

出版社勤務の杉谷さんは、雑誌の編集部にいる。

もう十年以上前、オカルトが流行《はや》っていたときに、いろいろな特集を担当していた。あるとき、「科学ライターと心霊スポットに行って、怪奇現象を科学的に分析してもらおう」という企画が立ち上がった。

編集部が目をつけたのは、かなりトガった原稿を書くことで知られる科学ライターのAさん。杉谷さん、Aさん、カメラマンのBさん、動画担当のCさんの四人で、鎌倉の腹切りやぐらに出かけた。

〝腹切り〟の名前のとおり、鎌倉幕府滅亡の際に北条氏側の武士数百人が自刃したとされる場所で「鎌倉の心霊スポット」といえば定番の場所だ。

腹切りやぐらまでの道のりは、山の中の舗装されていない登り道。実際に訪れて怪奇現象にまみえるのは夜だが街灯もない場所である。木の根っこや石などがごろごろしていて危ないので、一度、昼間に上っておこうということになった。

初めはワイワイとしゃべりながら上っていた四人だが、次第に言葉少なになっていった。いわゆる観光地でもない、歴史マニアしか訪れないような場所である。すれ違う人も誰もいない森の中の道。聞こえるのは、四人の息遣いだけである。

（えっ――？）

ふと杉谷さんは足を止めた。同時に他の三人も止まった。周囲をきょろきょろ見回し、お互いの顔を見る。

「今、何か聞こえたよな」

「聞こえた」

「野太い、男の声」

「そうそう。俺にも聞こえた」

動画担当のCさんはAさん以上に心霊否定派だが、彼にも聞こえたという。なんという声が聞こえたのか、四人で一斉に言ってみようということになった。

「せーの――」

〝――よく来たな〟

一致した。

「そんなはずはない。そんなはずは……」

強硬否定派のCさんだけがぶつぶつ言っていた。

夜、予定通り取材は行なわれたが、このときは特に何も起こらなかった。

【追記】――と書いたのだが、あとで原稿を見せたところ、「実際には金属がぶつかる、たとえるなら刀を打ちあうような音がしていました」とのことだった。鎌倉にはこういうスポットがたくさんあるのだろう。

落ち武者

三田さんは出版社の宣伝部に勤める三十代後半の女性だが、以前はまったく違う業種の会社に勤務していた。

そのころ、一人暮らしをしていたマンションで変なことが起きるようになった。

三田さんは洗濯した下着を、タンスではなく風呂場の脱衣所に置いておく習慣がある。そうしておけば、風呂から上がったときにすぐ身に着けられるからだ。

ところがある日、風呂から出たとき、下着が一つ、洗面台のほうに置かれていた。

（あれ、こんなところに置いたかな）

記憶をたどってみたが、どうも覚えがない。

以降、部屋の中で小物が、どう考えても自分ではそこに置かないだろうというところに置かれているという現象が多発した。

（どうしよう。失くしているわけじゃないから被害届は出せないけど、気持ち悪いなあ……）

そんなことを思っていた矢先、以前から知り合いだった違う部署の柴田という先輩男性社員が「視《み》える人」だということを知った。相談があるんですと言って、一度食事をすることになった。

待ち合わせの店に行き、テーブルを挟んで向かい合うなり、まだ下着の件を話していないうちから

「最近、どこに行った？」

柴田先輩は眉をひそめて訊ねてきた。

三田さんは寺社仏閣を巡るのが趣味だったので、そのうちのどこかのことを言っているのだろうと思い、変なことが起きはじめる少し前に訪れた場所を思い出せる限り並べた。

「ああ、じゃあ、そのうちのどこかから連れてきたのかな」

「連れてきた、って。何か憑《つ》いているんですか、私に？」

「落ち武者が憑いてるよ」

鎧《よろい》を着て、額から血を流したものが見えるというのだった。

「えっ、どうすればいいですか？」

慄《おのの》きながら訊ねると、

「神奈川県にあるD神社ってところが、祓ってくれるよ。俺もよく行くから紹介してやるよ」

かくして三田さんはその次の週末、D神社に行ってお祓いをしてもらった。そして、何やらありがたげな木の札をいただいて帰った。

それ以来、部屋の中で小物が移動するという現象はぴたりと止んだ。ああ、効果があったんだなと思いながらすごしていると、ある日、会社でエレベーターを降りるとき、ばったり柴田先輩に会った。

「ああ、先輩。こないだはありがとうございました。お祓い、行ってきましたよ。もう、憑いてませんか？」

エレベーターから足を踏み出す三田さん。すると柴田先輩は三田さんから逃げるように一歩後ずさった。顔色は悪い。三田さんは生まれて初めて、人が額に玉のような汗を浮かべる姿を見たという。

「どうかしたんですか？」

「落ち武者が……俺のことを睨みつけている」

落ち武者はまだ憑いていた。そして、お祓いに行けと三田さんに入れ知恵をした柴田先輩に再会するのをずっと待っていたというのだった。

「悪い！」

柴田先輩はエレベーターに乗らず、三田さんから逃げていった。

すっかり祓えていたと思っていた三田さんにすれば、なんとも据わりが悪い。とりあえず帰宅してから、D神社でいただいた木札にパンパンと柏手《かしわで》を打ち、

「すみません。私には何もできません。すみません。私には何もできません……」

一時間ばかり拝み続けた。

翌日、会社で柴田先輩のところへ行くと、

「あ、もう大丈夫だ」

けろりとした表情で、先輩は言った。憑いていることは憑いているが、もう落ち武者のはっきりした形ではなく、黒いもやのようなものになっているという。

「これなら俺にも祓えるからやってあげるね」

柴田先輩は手で印のようなものを組み、陰陽師のようにえい、えい、と振り、「完全にいなくなったよ」と言った。

悪夢週間

実話怪談業界では、「こんな変な夢を見た、こんな怖い夢を見た、という話は怪談にはならない」という風潮があるらしい。たしかに怖い夢なんて誰でも見るものだから、僕もおおむね賛成だ。しかし、P社の女性編集者・大内さんの話はちょっと興味深かったので紹介したい。

大内さんはよく悪夢を見る。

「それが全部、荒唐無稽《こうとうむけい》なB級ホラー映画みたいな内容なんですけど、見ているときは妙にリアルなんですよね」

とりあえず、僕の前で彼女が思い出してくれた夢の内容を三つ、羅列する。

その一。大内さんは、教室で授業を受けている。すると突然、『ドラゴンボール』に登場するフリーザのような悪魔が乱入してきて「これからお前たちにはバトルをしてもらう」と言い放つ。なぜかクラスメイトたちはすぐさまこれを受け入れ、殺し合いを始める。初めは仲間と思っていた男子が裏切り、大内さんは追いつめられ、殺されてしまう。

その二。大内さんは、知らない男性の運転する車の後部座席に乗っている。突然ドアが開いて、血相《けっそう》を変えた男が大内さんの隣に乗り込んでくる。男は明らかに爆弾とわかる物を抱えていて、

「××へ行け！」

と運転手に指示を出す。しかし、運転手はまるで聞くそぶりを見せず、のんびりと車を走らせる。

「××へ行けと言っているだろうが！」

男が激昂するので、大内さんは心配になり、この人の言う通りにしましょうよと運転手に提案するが、それも運転手は無視。そうしているあいだに、爆弾が爆発して、車もろとも大内さんは死んでしまう。

その三。大内さんは、身長七十センチくらいの小さいおじさんを抱えて、深夜のデパートにたたずんでいる。このおじさんを何か悪い存在から守らなければならない。

そういう使命感に駆られ、誰もいないデパートの中を走り出す。追手が見えるわけではないが、確実に何者かに追われていて、焦って売り場という売り場を走り回り、エスカレーターを上下するが、出口が見つからない。

そのうち、だんだん腕の中のおじさんが重くなってくるが、このおじさんを床に付けたらアウトだとわかっているので泣きそうになりながら逃げ続ける。しかし、おじさんの重さは我慢できないほどになり、ついに腕がちぎれて大内さんは死んでしまう。

「あとは単純にナイフで刺されたり、崖から突き落とされたりなんですけど、とにかく最後は私、死んじゃうんです。それで目が覚めて、夢の中のことを振り返るんですけど、こういう夢のときって、誰もリアルの知り合いが出てこないんですよね」

面白いけどこれじゃあ怪談にならないな……と思っていたら、

「こういう悪夢、私、七日から十日、続けて見るんですよ。一年に数回」

いわば、〝悪夢週間〟とも呼べる数日間が彼女にはあるというのだ。

「だいたい三か月か四か月に一回、あります。時期は基本的にバラバラなんですけど、一年に一度、必ず来るときがあるんです」

八月の第二週からの七日～十日間だ、と大内さんは言った。

「それって、お盆の直前っていうことですよね」

「あー」と大内さんは考え、「言われてみればその時期ですね。寝苦しいからっていうこともあるのかもしれないけど、お盆すぎたらぴたりと見なくなりますね、たしかに」

見る夢は荒唐無稽かもしれないが、どこか死者を迎える時期に関係のあることのような気がしてならない。

念のために書いておくが、大内さんは猟奇殺人の記録を読み漁るのが趣味だとか、自殺願望があるだとか、そういったことはない普通の女性である。この話も「何か怖い話……」と十分くらい悩んだ挙句、引っ張り出してくれた話である。

クローゼット

実話怪談をミステリに

「収集した実話怪談をミステリのヒントにすることはないんですか?」

よく訊かれる質問の一つだ。実は思い当たる作品が一つ、ないこともない。ただ元ネタとなる話が怪談としては不完全燃焼な感じがするのだ。だから本編ではなくここで紹介する。

編集者の笹田《ささだ》さん(四十代・女性)から訊いた話。

小学校のころの同級生に、Tちゃんという女の子がいた。

Tちゃんの家はお金持ちで、広い屋敷に住んでいた。記憶があいまいだが、敷地の隅っこに建てられた交番くらいの大きさの小屋で、Tちゃんのお祖父《じい》ちゃんはエロ本専門の書店を開いていた(もちろんこれが本業ではないだろう)。

遊びにいくとほとんどはTちゃんの部屋で遊ぶが、おやつを食べるときには一階のリビングに呼ばれる。高級そうなえんじ色の絨毯《じゅうたん》が敷かれ、大きなガラス戸の向こうには広い庭が見渡せる。すごい豪華な家だなあ……と思うが、リビングの一隅におかしなものがある。

天井から、子ども一人が入れるくらいの鳥かごがぶら下がっているのだ。

中に鳥はいない。だがエサ皿には鳥のエサが山盛りに入っていて、水入れもきれいな水で満たされている。

さらに妙なことには、鳥かごのぶら下がっている下の絨毯が、やけにホコリっぽい。よく見れば鳥が食べ散らかしたかのようにエサの粒も散らばっている。毛髪一本落ちていないほど綺麗なリビングなのに、鳥かごのあるそこだけが汚れているのだ。

「ねえ、あの鳥かご、何なの？」

おやつを食べながらTちゃんに訊ねると、

「ああ、あれはお祖母《ばあ》ちゃんがね……」

といったきり、言葉を濁す。

笹田さんはその家に何度も遊びに行ったが、お祖母ちゃんに会ったことは一度もない。

その後成長するにつれてTちゃんとは疎遠になり、大学進学を機に地元を離れてしまったため、あれが何だったのか、今となっては本当にわからない。

──不完全燃焼だと思っていたけれど、書いてみたら案外、本編でも大丈夫なくらい不可解だった。

ともあれ、この話に着想を得て僕は、「鳥かごのある家」という短編を書き上げた。ある中学生に勉強を教えることになった家庭教師が、センターから派遣されてその家に行く。なぜか、ありとあらゆる部屋に空っぽの鳥かごがぶら下がっている。そして、勉強を教えているあいだ、相手の中学生はずっと空っぽの鳥かごに怯えている様子だった──

こちらは怪談ではなくミステリなので、鳥かごがぶら下がっている理由も、中学生が怯えている理由も、最後にちゃんと明らかになる。『家庭教師は知っている』（二〇一八年／集英社）という本の第一話として所収されているので、興味のある方は、ぜひ読んでみてください（長い長い宣伝）。

第六章

歪んだ茶室

～よくわからない話

◎◎◎◎◎

おっぱー

都内で整体師をしているJさん（女性）は、休みが平日である。運動不足の解消のためにドラクエウォークをはじめた。

その日、自宅を出たのは午後三時ごろ。M通りの歩道を、スマホ片手にずんずん歩いていた。

ふと前方を見ると、ベビーカーを押す親子連れの後ろ姿が見えた。

（あれ、なんかおかしい）

Jさんは思った。

茶髪の若い母親と、小学校にあがらないくらいの女の子の親子連れなのだが、ベビーカーを押しているのが、母親ではなく女の子のほうなのだ。

（まあ、女の子が押したがったのかな）

女の子の歩調に合わせているので親子はだいぶ遅い。追いついていくにつれ、二人の会話が聞こえてきた。保育園の同級生のうわさをしているらしい。だがまたここで、おかしいことに気づく。

二人の会話に関係なく、

「おっぱー、おっぱー」

という声が絶え間なく聞こえているのだ。どうやらベビーカーから聞こえているが、赤ん坊ではなく、中年男性の低い声だった。

「おっぱー、おっぱー」

母親と女の子はこの声をまるで無視している様子だ。

(なにこれ……)

だんだん怖くなってきたJさんのことなど知らず、母親は娘に話しかけ続けている。

「あーあ、今日はお父さんも帰ってくるし、そろそろ、晩ごはんのこと、考えなきゃね」

「おっぱー、おっぱー」

「毎日、献立考えるの、やになっちゃうなあ、今日何作ろ」

「おっぱー、おっぱー」

「ねえ、何が食べたい?」

その質問にかぶせるように、

「おっぱぁあー！」

ベビーカーからはひときわ大きな中年男性の声が返ってくる。すると、

「うるさいよっ！」

女の子が叫び、自分が押しているベビーカーの持ち手を思い切り叩いた。

「ねえママ、こいつ、うるさいからさ。さっさとおっぱいだけ飲ませて、寝かせちゃえばいいんだよ！」

イライラしている声だった。

これに対し母親は、うーん……と手を伸ばし、

「あーあ、何、つくろっかなー」

まったくの無反応だった。

「おっぱー、おっぱー」

ベビーカーからは相変わらず、さっきのトーンで聞こえ続けている。

（おかしい、おかしい、おかしい……）

Jさんは背筋に寒気を覚えながら、この一団を右から追い越した。ベビーカーの上がどうしても気になったが、すぐに振り返ると不審がられるだろう。「おっぱー」を

聞きながら早歩きで進み、十分距離を取ってから、素早く振り返った。

ベビーカーの上には、男児か女児かわからないが、赤ちゃんがいた。目を閉じ、すやすやと眠っていた。

「おっぱー、おっぱー」

中年男性の声は相変わらずそのベビーカーから聞こえていた。

Jさんは二度と振り返ることなく、その声が聞こえなくなる位置まで足早に立ち去った。

一番古い記憶

思い起こすに、記憶に関する怖い話をよく知っている気がする。

学生時代に友人から聞いたこの話も、記憶が深くかかわっている。


「お前、一番古い記憶って何だ？」

その友人は中学生のころ、同じクラスのTにそう訊かれた。そんなの覚えてないよと答えると、Tは「そうか……」とつぶやき、

「俺はあるんだよ」

と話しはじめた。

Tの一番古い記憶は、小学生にあがるずっと前のこと。畳の部屋で、自分は風邪を引いたのか、ものすごく体が寒くて吐き気と頭痛に見舞われている。周囲にはたくさんの人がざわざわして、自分のことを心配している。親戚なのかもしれないが、それにしてはみんな見た目が若いのだ。

Tは、二十歳くらいのお姉さんに膝枕をされている。白いニットを着たそのお姉さんは髪の毛が肩くらいまでの長さで、唇が分厚く、あごにほくろがある。胸のふくらみが大きいのが印象的で、死にそうなくらいの頭痛と吐き気に見舞われながら、Tはその香りを鼻から吸おうと必死なのだという。

「で、そのまま俺、眠っちゃったんだよ」

「親戚のお姉さんなのか」

「いや、知らない人なんだよ。おふくろに聞いても、親戚にそんな人いないっていうし。そもそもうちのいとこやらなんやらはみんな男だし」

Tは不思議そうな顔をしながら、首をひねる。

「夢なんじゃないのか？」

「それにしてはリアルなんだよなあ。絶対に、俺の一番古い記憶なんだよ」

それにはどういうわけか、確信をもってTは答えた。

Tが亡くなったという報せを友人が受けたのは、高校を卒業し、大学に進学した年の春のことだった。

Tも同じ時期に大学生になっていたが、あるサークルの新入生歓迎コンパに参加して、飲んだこともない酒を一気飲みし、そのまま急性アルコール中毒に陥って命を落としたのだという。

葬式に参加した友人は、Tが死んだのが和風居酒屋の座敷の部屋だったということを訊いて、ふと思い当たった。

畳敷きの部屋。周囲には見たこともない若者。寒気と吐き気——Tが「一番古い記憶」と思っていた光景は、死ぬ瞬間のものだったのではないだろうか。

彼を最後に女性が介抱していたのかどうか、たしかめるすべはないという。

きみどり色

二十年以上昔になるが、大学のサークル仲間の家に集まり、朝まで他愛もない話をしているときに怪談話になった。当時は今のように一生懸命怪談を集めることはしていなかったので、ほとんどの話を覚えていないのだが、押田《おしだ》という男が語った話だけが妙に印象に残っている。

押田は都内に実家暮らしをしていて、二階に自分の部屋を与えられていた。三年生のある夜、受験勉強疲れでベッドに身を投げ出し、すぐに眠りについたが、ふと目が覚めた。

部屋の真ん中で何かがうごめいているのが見えた。

きみどり色の、ゼリーのような人型のものがいた。正座をして、伸ばした両手と上半身をぺたりと床につけた状態で、まるでヨガでもしているようだった。

唖然《あぜん》とする押田の前でそいつは、しばらく上半身を上げ下げする、体操のような動きを繰り返していたが、ふと押田のほうに「顔」を向け、押田が見ていることに「気づいた」という。もっとも、きみどり色のゼリーに目鼻があるわけではないので押田がそう感じただけだ。

人型は立ち上がり、押田に近づいてくる。ベッドの上に上がって、押田にのしかかってきた。

見てはいけないモノの、見てはいけないところを見てしまったのだ！　そう感じた押田は、

（ごめんなさい、見てません、見てません……）

心の中で繰り返し唱え、そいつに「帰ってもらった」というのだ。

実を言うと、そのとき語られた他の話同様、このきみどり色のゼリー人間の話も忘れていたのだが、先日、北九州のバーである話を聞いて急に思い出した。

バーで出会ったのは、七十三歳の男性で、実業家の遠藤さん。

十年ほど前、東京に遊びにいったとき、友人と三人で車に乗っていた。新宿駅の東口あたりで、停めてはいけないところに車を停めてしまい、警察官に見られてしまった。友人二人は車を降りて、警察官と話をしている。遠藤さんは車の持ち主でもない自分が出て行ってもややこしくなるだけだと、後部座席で待っていた。

午後七時を少し回った時刻で、人通りは多かった。ふと、右前方から歩いてくる男性が気になった。二十代前半と思しき若い男だが、背中に何かきみどり色の生き物を背負っているのだった。

（赤ちゃん?……しかし、そんな年齢でもないし、……よく見たら、犬か……?）

どちらにしろ、若い男性が背負って歩くには違和感のあるものだ。遠藤さんはなんとなく見ていられず、膝に目を落とした。ふと再び視線を上げると、男性は車のすぐ脇を通っていくところだった。その背中には、きみどり色のモノはいなかった。

「それって、ゼリーみたいな感じじゃなかったですか?」

押田の話を思い出した僕が訊ねると遠藤さんは「ああ」と遠い目をした。

「そうだ。そんな感じだ」

他にもきみどり色の怪しいモノを見たという人が、大勢いる気がしてならない。

炎天下

半世紀以上前に、岩手県のとある田舎であった話。

当時中学生だった孝太郎さんは、学校から家までの道を歩いていた。季節は夏。蟬《せみ》の声が響く中、午後の日差しが容赦なく照り付け、汗がとめどなく流れていた。

ふと前を見ると、稲荷の社《やしろ》が見えてきた。小さいが鳥居《とりい》があり、狐の像が並んでいるその前に、女の子が一人、うずくまっている。なんか見たことがあるぞ……と思いながら近づいていくと、やっぱり、小学校四年生の孝太郎さんの妹だった。

「何してんだよ?」

「あっ、お兄ちゃん」

孝太郎さんを見上げる妹の顔は、苦しそうだった。

「今、ここを通りかかったら、急に体が重くなって、立てなくなって……」

「しかたないな」

この暑さでやられてしまったのだろうと思った孝太郎さんは、妹をおぶって帰るこ

とにした。妹が背中に乗った瞬間、

「うっ――！」

ものすごく重い。絶対に妹の体重ではない。

だが孝太郎さんは、学校では力自慢で通っていた。これくらいの重さ、なんだ！

自分を奮起させて立ち上がり、よろよろと歩きはじめた。

家までは百メートルもない。だが、その道のりは遠い。さっきまでとは比にならないほどの汗が、顔を流れ落ちていく。

と、途中、沼のそばを通りかかったときだった。

「あれ？」

すっ――と、妹の体が軽くなった。

「お兄ちゃん、歩けるかも」

背中から降ろすと、妹はけろりとした足取りで家までの道を歩きはじめた。

帰ってから祖父にその話をすると、

「この暑さだからな。お稲荷さんも水を飲みたくて、運んでもらいたかったんだろ」

とのことだった。

それだけは言えない

もう疎遠になってしまった友人の話なので、わからないように書いてください——そうお願いされたので、細かい部分をかなり省いていることを先に断っておく。

カナミさんはあるとき、未来のことをよくわかる〝おやじさん〟と知り合った。カナミさんは〝おやじさん〟の言葉で悩みを断ち切ることができ、かなりスッキリした。

それから少し経って、友人のA子が人生の岐路《きろ》に立たされているのを知った。カナミさんが〝おやじさん〟のことを話すと、ぜひ会いたいというので連れていくことにした。

カナミさんも見守る前で、〝おやじさん〟はじっとA子の顔を見た。そして開口一番、こう言い放った。

「あんた、これまでの人生で、三回死にかけてるね」

A子の顔が、みるみるうちに青ざめた。〝おやじさん〟は先を続けた。

「死ななかったのはあなたが守られているからだよ。だからまずは感謝の気持ちを忘れないこと」

その後、〝おやじさん〟はいくつかA子に今後のことについてアドバイスをしたが、A子は上の空だった。

帰り道、カナミさんはA子に訊ねた。

「三回死にかけたことが——って言われてたけど、本当なの？」

「……うん」

A子はぽつりぽつりと話しはじめた。

一回目は、小学校の高学年のときだったという。A子は玄関の戸を開けて「ただいまー」と大声をあげた。いつもなら母親の「おかえり」が聞こえてくるはずが、聞こえてこない。

母親はときどき、鍵をかけたまま近所の友だちの家に遊びにいって、長話をすることがある。今日もそんなものだろうと、靴を脱いで廊下にあがり、自分の部屋へ向かう途中、ドキリとして足を止めた。

そこは、居間の前だった。開け放たれた引き戸の向こう、誰かがこちらに背を向けてこたつに足を突っ込んでいた。母ではない。誰だろう——と、A子はその背中のほうに目をやる。

子どもだった。着ている服に見覚えがあった。

(私が、今、着ている服……！)

服だけではない。背中を丸めている姿勢も、髪の毛の感じも、A子そのものだった。

私だと認めた瞬間、体が動かなくなった。

(なんで、なんで……)

泣きそうになりながらその場で固まっていると、こたつに座っている自分自身の顔がゆっくりこちらへ向いてきた。

(目が合ったら、私、死んじゃう！)

直感的にそう思った。だが、まぶたを閉じることもできない。

(どうしよう……どうしよう……)

こたつの自分はもう、A子から見て横顔になっている。そのとき——、

「あんた、こんなところで何やってんの？」

背後で声がして、体が動くようになった。振り返ると、母親が立っていた。

「ごめんね、沢田さんのところで話し込んじゃって。そんなことより、あんたここで何やってんのよ」

「何って……」

こたつのほうを向くが、もうそこには誰もいなかった。

「なにそれ」

死にかけたと聞いて、病気か怪我の類だと思っていたカナミさんは怖くなった。だが、訊いたのは自分なので先を促さないわけにはいかない。

「二回目は？」

訊ねると、A子は次の話をはじめた。

十八歳のときにA子は運転免許を取得した。嬉しくて、親の車を借りて近所を走っていたが、あるとき「ちょっと知らないほうに行ってみよう」と、普段は行かない山道のほうへ車を進めた。

道がだんだん細くなっていく。対向車と一台もすれ違わないまま、十分くらい変わり映えのしない景色が続き、次第に心細くなってきた。A子の車以外走っていないので、Uターンできそうな場所があったらすぐ引き返そうと思ったが、なかなかそんなスペースが見つからない。

すると、数十メートル先を軽トラックが走っているのが見えた。進行方向はA子と同じ。軽トラックのほうが遅くて追いついてきたものと思われる。

(細い道だけど、あんなに遅いんだったら追い越してもいいよね。近づいていったら道を開けてくれるかもしれないし)

そう思って、A子は別に速度を緩めることなく車を走らせ続けた。軽トラックは異様なほど遅かった。時速十キロも出ていないのではないかと思われるほどだ。

距離が近づくにつれ、A子はおかしなことに気づいた。軽トラックが、燃えているのである。

(えっ? 事故?)

一瞬そう思ったが、それにしても妙なのだ。軽トラックはゆっくりだが確実に進んでいて焦っている様子もない。そして、軽トラックを包んでいる炎が、オレンジ色ではなく淡い青色なのだった。

(あんなふうに燃えるかな?……いや)

急に、全身に鳥肌が立った。この世のものではないものを見ている気がした。

(あのトラックに追いついたら、命を取られる!)

直感的に思った。A子はブレーキを踏み、車を完全に停止させた。青く燃える軽トラックが見えなくなるのを待ち、さらに十分ほど間を空けてから発進させた。その後は軽トラックに追いつくこともなく、集落についたのでUターンして無事知っている道まで戻ったという。

カナミさんは寒気が止まらなかった。でも、訊ねないわけにはいかない。

「三回目は？」

A子はカナミさんの顔を見つめ、小さく首を振った。

「……それだけは、言えない」

A子は、無表情だった。

どこ行っちゃったのかしら?

下北沢《しもきたざわ》の美容室に勤めるSさんは、毎日仕事が終わると、環七通りを歩いて帰宅する。

ある日、いつも気になっていたラーメン屋に入った。午後十一時すぎの店内はすいており、カウンターだけの席に、他に客は二、三人しかいなかった。大将一人で切り盛りしている雰囲気のいい店だった。

注文を待っていると突然、ガラガラと出入り口の引き戸が開かれた。ぬっと顔をのぞかせたのは、厚化粧の中年女性だった。

「すみません、うちの娘、来ませんでしたか?」

大将はラーメンを作る手を止め、眉をひそめて彼女を見た。

「娘?」

「うちの娘、今、十七歳で——」

中年女性は、娘の髪型、服装、持っているバッグなどの特徴を早口でまくしたて、

「いつもならこの時間には家に帰っているんですけど、なかなか帰ってこなくて、私、心配で心配で……」

と泣きそうな顔になる。

「いや、来ていないけどな」

「そうですか。まったく、どこ行っちゃったのかしら」

引き戸は閉められ、女性はどこかへ言ってしまった。娘がいなくなったらそりゃ心配だよなとSさんは思った。

それから三、四分が経ったころ、再び引き戸がガラガラと開けられ、さっきと同じ女性が顔をのぞかせた。

「すみません、うちの娘、来ませんでしたか？」

さっきと同じように、髪型、服装、バッグの特徴をまくしたて、いつもならこの時間に——と同じセリフを言う。

「いや、だから来てませんよ」

大将が答えると、「どこ行っちゃったのかしら」と、去っていく。

変な人がいるなぁとSさんは思っていたが、特に気にも留めなかった。

注文したラーメンを食べはじめたころ、彼女はもう一度やってきた。

「すみません、うちの娘、来ませんでしたか？」

さすがに三回目ともなると大将もイライラしており、
声を荒らげた。

「だから来てないって！」

女性は臆《おく》する様子もなく娘の髪型、服装、バッグの特徴、いつもなら
この時間には――と繰り返す。

「わかったわかった。そういう娘さんが来たら、おうちに帰るように言いますから」

「お願いします。まったく、どこ行っちゃったのかしら」

女性は首を振り振り、引き戸を閉めた。

「お客さん、お騒がせしてすみませんね」

大将はSさんに謝った。

「よく来る人なんですか？」

「いや、全然知らない人」

大将の笑顔は引きつっていた。

その後Sさんはラーメンを食べ終えた。レジの前で会計を払おうと財布から千円札
を出したその瞬間、背後の引き戸が勢いよく開いた。ぎょっとして振り返る。やはり
例の中年女性だったが、さっきまでと雰囲気が違った。

石像のように冷静な顔なのである。

固まるSさんと大将の顔を見比べるようにして、彼女は口を開いた。

「ごめんなさい。私、娘なんていなかったわ」

勢いよく引き戸は閉じられる。Sさんと大将は顔を見合わせ、震えあがった。

神永《かみなが》くんは知らない

マユさんという女性が三十年以上前に体験した話。

マユさんは埼玉県内の小学校に通っていたが、小学校六年生のとき、クラスに気になる男の子がいた。

清水くんというその男子はどちらかというと物静かで、休み時間も読書をしたり、自由帳に何かを書き込んだりしているタイプ。いじめられているわけではないが、進んで友人の輪に入るような雰囲気ではなかった。さわやかな横顔や、そのミステリアスな雰囲気にマユさんはいつしか惹《ひ》かれ、気づいたら彼のことを目で追うようになった。

このクラスには神永《かみなが》くんという男の子がいて、彼は誰とでも分け隔《へだ》てなくしゃべれる明るい性格だった。近寄りがたい雰囲気を放つ清水くんにも、神永くんはよく話しかけ、談笑していた。

（あーあ、私も男子だったら、清水くんにああやって話しかけられるのになあ）

マユさんはいつも、神永くんのことを羨《うらや》ましく思っていたという。同じクラスでいるうちに、いつか清水くんに話しかけてみたい。そう思いながらも時は流れ、卒業を迎えた。

公立の小学校なので、クラスメイトはみんな同じ中学校に進学する。だがマユさんはそうはいかなかった。父親の仕事の関係で、小学校卒業と同時に東京都内へ引っ越してしまったからだ。

生まれ育った町への郷愁がなかったわけではないが、新しい環境下ですごすうち、小学校のことは忘れてしまった。


やがてマユさんは都内の大学に進学した。二十歳になって成人式を終えた日、自宅に電話がかかってきた。それは、小学校六年生のとき同じクラスだった翔子《しょうこ》だった。

「マユ、久しぶり。今度、小学校のときのクラスのメンバーで飲み会を開こうって話になって、マユも来ないかってみんなが言うの。どうかな?」

日付を聞くとちょうど予定が空いていたので、マユさんは行くと返事をした。自分のことを覚えていてくれたのが嬉しかったし、久々に生まれ故郷の町を歩きたかった。あの公園はまだそのままだろうか。学校は相変わらずだろうか。そんなことを考えていたら、仄《ほの》かな恋心が胸の中によみがえった。

大人になった清水くんに会える——マユはその日を心待ちにした。

子どものころはずいぶん遠くに思えた埼玉と東京だったが、大人になってみれば電車で一時間ちょっとの距離。早めに行って懐かしい景色の中を散歩をし、開始ちょうどの時刻に居酒屋に入った。

「おー、久しぶり!」「元気だった?」

翔子だけではなく、みんながマユを温かく迎え入れてくれた。三十人ばかりが入る座敷席だったが、まだその半分ぐらいしか集まっておらず、その中に清水くんらしき男性の姿はない。いきなり清水くんについて聞くのが気恥ずかしいので、「○○ちゃんは?」「××くんは?」と、他にいないメンバーの消息を幹事のマサシくんに訊ねた後で、

「ねえ、清水くんっていう男の子もいたよね?」

と、思いきって訊ねた。

「ああ、清水な」

このとき知ったことだが、清水くんの家は雑貨屋を営んでいて、清水くんは大学に

通いながら手伝いをしているという。その仕事の関係で一時間くらい遅れるということだった。やった、会える――という気持ちと共に、もう一つ懐かしい顔が浮かんできた。

「そういえば、神永くんもいないよね？」

するとマサシくんはきょとんとした。

「神永くん？　誰それ？」

彼だけではない。翔子も、周りの数人も不思議そうに顔を見合わせている。

「清水くんって、すごく物静かで、自分から輪に入っていく感じじゃなかったじゃん」

「ああ、小学校のころはな」

「その清水くんが唯一、明るく話す相手がいたでしょ？　神永くん」

誰もそんな人間は知らないという。そのうち誰かが、「東京の中学校の友だちと勘違いしてるんじゃないか」と言い出し、みんなもそうだそうだと同意した。楽しい雰囲気を壊したくなかったのでマユさんもあいまいにうなずき、その話題は収まったが、頭の中では清水くんと神永くんが談笑する光景がはっきりとよみがえっていた。

しばらくして遅れていたメンバーが一人、二人とやってきて、ついに清水くんも現れた。小学生のころよりずっとハンサムになっていて、マユさんはどきりとした。

「清水くん、ほら、マユだよ」

翔子が言うと清水くんは一瞬目を見張り、嬉しそうに「久しぶり」と言った。

「なあ清水、こいつ、変なこと言うんだぜ」幹事の男子が真っ赤な顔で笑う。「小学校のころ、俺たちの知らない男子がうちのクラスにいたって言うんだ。カミナガだっけ？」

その瞬間、清水くんの表情がこわばった。清水くんだけは覚えている！ そう確信したマユは力強く訊いた。

「清水くんは神永くんのこと知ってるでしょ？」

清水くんは目を泳がせ、ためらうような表情を見せたのち、答えた。

「……神永くんは、知らない」

「ほらなー」

一同は笑い飛ばしたが、清水くんの態度がマユには気になっていた。

飲み会は続いたが、マユがふと気づくと、遠くに座っている清水くんがちらちらマユのほうを見ていた。

清水くんは私と話したがっている。きっと神永くんのことだ――そう思ったが、飲み会のあいだはついに話すことができなかった。

「それじゃあそろそろお開きにしまーす。会計は俺に払ってくださーい」

マサシが言って、みな、会計を払い、外へ出ていく。清水くんの動作がなんとなく遅いのを見て、マユもまたわざと翔子たち周りの女子に先に外で待っていてくれるように頼んだ。

今まで宴が行なわれていた座敷には、マユと清水くんだけが残った。

「あのさあ」

清水くんが歯切れの悪い感じで口火を切った。

「神永のことなんだけど」

「覚えてるんでしょ？」

マユの問いに、清水くんはためらいがちにうなずいた。

「どうしてさっき、『知らない』って言ったの？」

すると清水くんは困ったような不可解そうな顔色で、答えた。

「俺の覚えている神永は、女なんだよ」

――ここからは清水くんの記憶。

清水くんは小学校六年生のころ、マユさんのことが気になっていたという。話したことはないが何となく目で追っていて、これが恋なのかな、と思っていた。マユさんが卒業と同時に引っ越してしまうことは噂で知っていたので、それまでに一度でも話ができたらと思っていた。

そんなマユさんがいつも談笑している女子がいた。神永さんというその女子は快活で、マユさんも彼女と話すときは楽しそうなのだ。

(あーあ、俺も女だったら、神永みたいにあの子に話しかけられるのにな)

神永さんを羨んでもしょうがなく、清水くんは結局マユさんに話しかけられないまま卒業を迎えた。

中学に上がり、運動部に所属して性格も明るくなった清水くんは、男子の輪に積極的に入っていくことになった。そのうち、仲間の何人かが彼女を作るようになった。うらやましいと思った清水くんは、マユさんに会いたくなった。だが、携帯電話なんてない時代だし、引っ越し先の電話番号も知らない。

誰が知ってるだろうかと考え、思い至ったのが、マユさんと仲の良かった神永さん

だった。中学校に上がってから姿を見なくなったので他のクラスなのだろうと思い、

「なあ、神永って何組か知ってる？」と友だちに訊いてみた。

だが、誰も神永なんていう女子は知らないというのだった。小六のときの同じクラスのメンバー全員から、神永という女子の記憶は消えていた。なんだか怖くなり、清水くんは結局、マユさんに連絡を取ることもあきらめてしまったという。


「今回、久しぶりに君に会ったら訊こうと思っていたんだ。神永のこと」

清水くんは不可解そうに首を振った。

「だけど、今日ここについたらいきなりマサシが言っただろ。『俺たちの知らない男子がクラスにいたっていうんだ』って……」

それに続いてマユさんも「神永くんのこと知ってるでしょ？」と訊ねてきた。だから清水くんはゾッとしながら答えたのだった。

「……神永くんは、知らない」

と。

クローゼット

イミカワ

二〇二二年の七月、テレ朝動画の番組『恋する怪』に出演した。

元AKB48の梅田彩佳《うめだあやか》さんがMCを務めるこの番組は、毎回ゲストと漠然と「怪」にまつわるトークを繰り広げるというアットホームな怪談番組である。

一時間を二本撮りで収録するのだが、一本目は僕の小説の紹介と、梅田さんも文章を書いて本にしたいと思っている——などという話でほとんど終わってしまった。怪談は一つ話したくらい。それほどユルい番組なのだ。

ともあれ、その二本目の収録で僕はこの本にある「炎天下」を披露した。

「それで、夕食のときにおじいさんに聞いたら、『ああ、今日暑かったからな、お稲荷さんも運んでほしかったんだろ』って言ったそうです」

おしまいです、と言ったら、梅田さんはピンときておらず、

「えっ、えっ？」

と訊き返してきた。

「暑かったから、妹さんの背中に乗っかって、沼まで運んでもらいたかったっていうことですよ」

見ていたプロデューサーがカメラの後ろから口をはさむと、

「あー、あー」と梅田さんは納得したあとで、「かわいー」と予想外のリアクションをした。

僕はそういうつもりで話したわけではないが、たしかに考えてみればかわいい話かもしれない。怪談話とは聞く人によってさまざまに変わるものである。

「意味がわかると怖い話」＝「イミコワ」と呼ばれるジャンルがあるが、「意味がわかるとかわいい話」＝「イミカワ」というジャンルもアリなのではないだろうかと思った。

そういう話がいくつ集まるかわからないが。

あとがき

僕の妻の趣味は、パンである。

特にベーグルが好きで、僕が取材やサイン会などで地方に行くときには前もって旅先のベーグル屋をネットで調べ、いつの間にかほしい商品を注文している。「行ってくるついでに、代金を払って引き取ってこい」というのだ。

ベーグルは生地がギュッと詰まっているので、ちょっと買いすぎると1kgを超える。忘れもしないのは広島平和祈念公園の近くにあるベーグル専門店。好みのベーグルが多かったのか、妻はこれでもかこれでもかと注文をしており、ボストンバッグの半分がベーグルになってしまった。

（ちくしょう、なんで自分が食べないものをこんなに持って帰んなきゃいけないんだ）

と、煩わしさを覚える反面、僕はこんな趣味を持つ妻が、いつもうらやましくなる。

車や時計が好きなわけでもない。音楽やファッションに興味があるわけでもない。

スポーツや釣りも好きじゃない。学生時代にずっと好きだったクイズからはすっかり熱が冷めてしまった。

小説やミステリはもちろん好きだが、職業になってしまうと、どうしても仕事のモードを払しょくして読めなくなってしまう。「趣味が仕事になったら幸せよね」という言い回しをよく聞くけれど、精神的な意味も含めて「趣味を仕事にできる」人間というのは、限られているのだ。

そんな僕に唯一「趣味」と呼べるものがあるとすれば——と考えたとき、やっぱり「怪談」が一番に浮かんでくる。

いったい、怪談の魅力とは何だろうか。日常に潜む怪しいモノ、不思議な現象……それらの話を聞いたときにゾッとする感覚がたまらない。たぶんそれは正しいのだろう。でもそれだけじゃない何かがある気がする。

そんな疑問に対する一つの答えを、先日、ある動画で見つけた。

怪談ファンなら誰でも知っている吉本興業の芸人さんに、好井《よしい》まさおさんがいる。その好井さんが運営するYouTubeチャンネル『好井まさおの怪談を浴びる会』にゲスト出演した島田《しまだ》秀平《しゅうへい》さんが、怪談ファンについてこんな私見を述べられた。

——幽霊が出てくるとか、そういう話を普通すると、『何言ってんだよ。そんなわけないよ』って言われちゃうじゃないですか。でも怪談好きの人って、そういうの全部、受け入れてくれるんですよ。だからね、本当は怪談って、怖いようでめちゃくちゃ優しい空間なんですよね。（中略）突拍子《とっぴょうし》もない話でもぜーんぶ聞いてくれる度量の広い方が多いんで、結果、民度が高い方が多いんです。

「いいこと言うなあ……」

僕は思わずつぶやいてしまった。

なにか怖い話ありませんか、と聞くと、たまに「はっ？」という顔をする人がいる。「そういうことをまだ言っている大人なのかコイツは」という表情だ。たぶんこういう人には怪談は楽しめない。「信じる」とか「信じない」とかではない。「とにかく何でも聞いてやろう」という聞き手の懐の広さがあって初めて、怪談というエンターテインメントは成立するのだ。

そしてこれは、ミステリにも通じる部分があると思う。本格ミステリと呼ばれるジャンルの作品にはしばしば、とんでもないトリック（特に僕の作品には多い）や、笑っちゃうような犯行動機が描かれる。「こんなトリック物理的に無理っしょ」とか、

「こんな理由で人を殺すわけないだろ」と敬遠してしまう読者は、そもそもこういう作品を楽しめない。

本格ミステリと怪談。二つのエンターテインメントの根底には寛容の精神があり、僕はきっと、そこが好きなのだろう。だから僕はこれからも寛容の精神をもって、おかしなトリックを書き続けるし、いろんな人から怪談を聞くし、妻のために重いベーグルを背負って帰るのだ。

*

さて、今後のことに話を移そう。

実は本著に収められたのは、「まえがき」で触れたワードファイルの話の数々のうち、半分くらいでしかない。なにぶんタイトルが先に決まってしまっていたので、屋敷という体裁に合わせるため、部屋割りのように似たようなジャンルの話をまとめたのだ。

だから「本当はこれも載せたかったのになあ……」という話がまだいくつも手元にある。今回の一冊ではまだ、わが屋敷の全容はお見せしていないというわけである。

さらに、今でもちょこちょこ新しい話を集めているので、この屋敷はきっとまだ、いびつな増築をしていく。まるで、カリフォルニア州サンノゼにある、ウィンチェスター・ミステリーハウスのように（？）。

今回、ちょっとでも面白かったなと思ってくださった方は、SNS等で大々的に、あるいは夢の中で秘かに、応援してくださると助かります。そうすればいつかまた、わが屋敷の別のお部屋を見せることができましょう。

ひとまずお別れ。また逢う日まで。

二〇二三年　二月　青柳屋敷館主・青柳碧人

双葉文庫　好評既刊

むかしむかしあるところに、死体がありました。

青柳碧人

「浦島太郎」や「鶴の恩返し」といった《日本昔ばなし》を密室やアリバイ、ダイイングメッセージなどミステリのテーマで読み解く全く新しいミステリ短編集。「一寸法師の不在証明」「密室竜宮城」など全5篇収録

双葉文庫　好評既刊

赤ずきん、旅の途中で死体と出会う。

青柳碧人

日本の昔話の次は西洋童話の「シンデレラ」「ヘンゼルとグレーテル」「眠り姫」などを下敷きに、主人公の赤ずきんが旅先で次々と事件と遭遇する連作短篇ミステリ。全編を通じ隠された『大きな謎』にも注目！

双葉文庫

あ-66-03

怪談青柳屋敷《かいだんあおやぎやしき》

2023年5月13日　第1刷発行

【著者】

青柳碧人《あおやぎあいと》

【発行者】

島野浩二

【発行所】

株式会社双葉社

〒162-8540 東京都新宿区東五軒町3番28号

［電話］03-5261-4818(営業部)　03-6388-9819(編集部)

www.futabasha.co.jp(双葉社の書籍・コミックが買えます)

【印刷所】

中央精版印刷株式会社

【製本所】

中央精版印刷株式会社

【フォーマット・デザイン】

日下潤一

ISBN978-4-575-52663-9 C0193

Printed in Japan